AF742991

Le Sénégal qui vient

El Hadji Mamadou DIAO

Le Sénégal qui vient

Sénégal
L'Harmattan

© L'HARMATTAN-SÉNÉGAL, 2024
10 VDN, Sicap Amitié 3, Lotissement Cité Police, DAKAR

senharmattan@gmail.com
senlibrairie@gmail.com

ISBN : 978-2-343-20119-1
EAN : 9782343201191

Dédicaces

À ma mère, feue Aminata Niang, et à toutes les femmes sérères qui ont su dompter les Peuls du Fouladou, dont mon vénéré père le patriarche Mountaga Diao,

À mon épouse, fille de ma seconde maman feue Dieynaba Ba, ma tendre Amélie Diadhiou, une Diola qui n'a fait que conforter l'adage qui disait que les Sérères et les Diolas seraient les maîtres des Peuls,

À toutes les femmes du Sénégal,

À la jeunesse sénégalaise, sur qui repose le devenir du Sénégal qui vient.

INTRODUCTION

Où en sommes-nous ?

Le monde traverse une transition entre une époque pas encore totalement révolue et une autre qui n'est pas tout à fait établie. Nous sommes en quelque sorte en plein milieu d'un gué de bifurcation paradigmatique. Dans cet entre-deux, ou zone neutre, les certitudes flanchent parce que les grilles d'analyse d'antan s'épuisent à rendre une appréciation fine ou même approximative de la réalité. C'est d'ailleurs une période propice à la survenue de terribles réalités. Gramsci disait dans ce sens que « le vieux monde se meurt, le nouveau monde tarde à apparaître et dans ce clair-obscur surgissent les monstres ». En effet, des ruptures profondes s'opèrent dans presque tous les domaines, rendant surannées les grilles d'analyse traditionnelles. Les changements paradigmatiques sont si profonds, si rapides et si généraux que nos institutions rationnelles sont inadaptées à réguler les nouveaux phénomènes complexes qui surgissent presque quotidiennement.

Cette inadaptation préfigure une *chaotisation*, avec des phénomènes qui se manifesteront sans avoir de cadre pour les accueillir ou les réguler, parce qu'ils développeront leur propre normativité, divergente ou conflictuelle.

Tout s'accélère en changeant de posture. Nous vivons en effet une perte des repères traditionnels qui se traduit par une indifférenciation, un nivellement des écarts entre les différentes générations. Dans une société obsédée par le culte du jeunisme, où nous sommes tous des individus narcissiques et intolérants à l'entropie[1], le voile des illusions et des certitudes se déchire chaque jour un peu plus, inaugurant une ère de l'inattendu. Michel Crozier[2] considère que « nous vivons dans une crise d'affolement devant la complexité d'un système que nous ne maîtrisons plus ». Une crise qui sonne la fin d'un monde, d'une histoire, sans qu'il ne soit possible de dire quelle histoire et quel monde viendront, mais une crise qui nous assigne à une formulation de réponses nouvelles.

Ce ne sont certainement pas les adaptations correctives ou rectificatives qui sortiront le monde de ce pas, mais plutôt une réinvention bouleversante des certitudes d'antan. C'est pour cela que l'« on ne change pas la société par décret », car le changement est long et se heurte à des contre-intuitions qui sont autant de résistances, ainsi qu'à l'immense jeu de réseaux autonomes où les individus expriment leur liberté. L'innovation, l'initiative doivent par conséquent se mettre en place sur le long terme afin de ne pas scléroser ni brusquer la société.

Il faut de ce fait un mécanisme transitionnel et de changement selon la nuance de William Bridge[3] qui entend la transition, du point de vue de

---

[1] Peggy Larrieu, « Neurosciences et droit pénal des mineurs », https://www.plasticites-sciences-arts.org/PLASTIR/Larrieu

[2] Michel Crozier, *On ne change pas la société par décret*, éd. Le livre de poche, coll. « Pluriel », Broché, 1er janvier 1982.

[3] William Bridge était un auteur américain, conférencier et consultant en organisation. Il a souligné l'importance de comprendre les transitions en tant que clé pour que les organisations réussissent à apporter des changements. Il a créé le modèle de transition qui met l'accent sur la transition plutôt que sur le changement. Selon sa théorie, le changement est une chose qui arrive aux individus, ce qui peut entraîner des comportements résistants, tandis que la transition est un processus par lequel les gens vivent des expériences à mesure qu'ils traversent un changement. Ce processus transite par trois étapes, trois phases : la reconnaissance profonde d'une fin ; la zone neutre – temps de la réorientation, souvent difficile à vivre, c'est un

l'individu, comme « l'état psychologique et les divers sentiments et expériences que les individus éprouvent tout au long du processus, c'est-à-dire entre le moment où ils quittent une situation et en commencent une nouvelle. Un état qui leur est propre et qui représente leur capacité à s'adapter » ; le changement serait « un élément extérieur aux individus ». Dans ce processus, la « zone neutre », c'est-à-dire le moment où le passé n'est plus, mais où le changement n'est pas encore pleinement présent, est le moment le plus délicat à négocier. Le monde est en zone neutre, une zone de scepticisme et de réticence, d'interrogations et de fébrilité, puisque les certitudes séculaires les plus ancrées s'effilochent sans qu'on soit en pleine mesure de renverser la tendance et le sens des événements. Le corps social est partagé, tiraillé devrait-on dire, entre des partisans du statu quo qui oscillent entre catastrophisme et déni, qui soutiennent *mutatis mutandis* qu'« avant c'était mieux », qu'« on ne sait pas de quoi demain sera fait », et les partisans de l'aventure qui, fleur au fusil, veulent sans égards tout renverser tellement ils sont pris par une tension frénétique de vouloir tout changer, tout contester, tout remodeler. Cette propension iconoclaste est certainement l'un des moteurs de l'histoire et du progrès, mais elle n'a jamais été aussi pressante et directive.

L'environnement est indubitablement le point qui soulève le plus d'angoisse dans la mesure où c'est la survie de l'espèce humaine qui est en jeu. Jamais dans son histoire l'espèce humaine n'a été aussi proche de l'extinction, et ce, par son propre fait. Selon le GIEC, « l'influence de l'homme sur le système climatique est clairement établie, et ce, sur la base des données concernant l'augmentation des concentrations de gaz à effet de serre dans l'atmosphère, le forçage radiatif positif, le réchauffement observé et la compréhension du système climatique ». Au cours du

---

temps essentiel à vivre, une étape nécessaire – ; le renouveau ou nouveau commencement.

XXIe siècle, l'océan continuera à se réchauffer, la circulation océanique sera perturbée, l'étendue et l'épaisseur de la banquise arctique continueront à diminuer, les glaciers continueront à perdre de leur volume, le niveau moyen mondial des mers continuera à s'élever, le désert va irrémédiablement avancer. Ce scénario pessimiste n'est plus une chimère ni une vue de scientifiques loufoques, mais bien une réalité à venir. Les cellules de dégrisement des ivresses et folies destructrices de la nature n'ouvrent en général qu'après les conflits, les catastrophes ou le constat dramatique de destructions, mais elles ferment malheureusement rapidement leurs portes.

Les alertes des scientifiques sur le devenir planétaire font froid dans le dos. Les espèces animales paient le plus grand tribut, au point que l'on parle de la sixième extinction de masse avec la perte récente de la biodiversité due aux activités humaines. Les déplacements de populations induites par l'avancée de la mer sont une source potentielle de guerres. La mer chasse les populations, mais aussi envahit des terres arables. La famine est donc comprise dans le contingent des affres promises par le changement climatique. Ce n'est pas tout. La fonte des glaciers va libérer des agents pathogènes aux conséquences endémiques plus terrifiantes que celles de la Covid. Des confinements et des quarantaines ne produiront aucun effet pour contenir les hôpitaux débordés, les décomptes macabres.

Les perspectives en matière d'eau douce ne sont pas plus réjouissantes puisque, de l'avis général, sa raréfaction semble inéluctable. Or, un pays qui manque d'eau est un pays qui ne peut ni nourrir sa population, ni se développer.

L'accès à l'eau sera donc un enjeu économique puissant à l'échelle planétaire et deviendra, dans le siècle à venir, l'une des premières causes de tensions internationales. La guerre de l'eau est du reste déjà une réalité géopolitique en sorte que la voie palliative envisagée par beaucoup de chercheurs est de donner une valeur économique à l'eau, c'est-à-dire d'en fixer le prix, au risque d'en priver les pays les plus faibles, qui ne disposent pas des ressources nécessaires à la couverture de leurs besoins et seraient incapables de payer pour avoir de l'eau en suffisance. Ainsi, au-delà des guerres inéluctables de l'eau[4], la raréfaction et la marchandisation de cette ressource induiront la maladie, la malnutrition et l'échec des récoltes.

Tous les indicateurs environnementaux sont au rouge écarlate sans qu'une action mondiale concertée soit entreprise tellement l'accord sur une action massive et cohérente est piégé par des égoïsmes étatiques qui mettent en échec toutes les initiatives courageuses. Parce que c'est de courage qu'il s'agit avant tout. Courage pour changer radicalement nos modes de vie en revenant à plus de mesure dans la consommation effrénée, au gaspillage et à la démesure. Et là se trouve un paradoxe : vingt-quatre mille personnes meurent de faim chaque jour, un enfant meurt de faim toutes les cinq secondes et six millions d'entre eux n'atteindront jamais l'âge de cinq ans. Et pourtant, selon Jean Ziegler, « étant donné l'état actuel de l'agriculture dans le monde, on pourrait nourrir 12 milliards d'individus sans difficulté. La faim est donc la principale cause de mort sur notre planète. Et cette faim est faite de main d'homme. Quiconque meurt de faim meurt assassiné. Et cet assassin a pour nom la dette ».

Les hommes n'ont jamais autant produit de nourriture, mais n'ont jamais non plus eu autant faim. La quantité d'aliments gaspillés pourrait nourrir toutes les personnes qui ont faim sur cette terre. En effet, chaque année dans le monde, près d'un milliard de tonnes (931 millions de tonnes précisément) de nourriture sont gaspillées, soit l'équivalent de près de 20 %

[4] Des chercheurs américains ont également montré que depuis le Moyen-Âge, les désordres sociaux en Afrique orientale coïncidaient avec les périodes de sécheresse. Dans les sociétés asiatiques, l'eau était un instrument de puissance politique : l'ordre social, les répressions et les crises politiques dépendaient des caprices des pluies.

des aliments disponibles pour les habitants du globe, alerte l'ONU dans le « rapport sur l'indice du gaspillage alimentaire » publié par le Programme des Nations Unies pour l'Environnement (PNUE) et l'ONG britannique Wrap. Cette déperdition alimentaire n'est pas, contrairement à une idée reçue, un problème de pays riche. D'ailleurs, c'est le Nigeria qui est le pays où l'on gaspille le plus d'aliments, avec 189 kg de nourriture par personne jetés chaque année.

Le gaspillage alimentaire n'est pas sans conséquence sur la planète et sur l'économie. Son coût économique est exorbitant : dans le monde entier, 1,3 milliard de tonnes sont jetées et cela représente environ 1 milliard de dollars chaque année. La surface et les moyens de production qui sont exploités pour ne produire que du gâchis ont un retentissement environnemental néfaste pour la planète.

« On estime ainsi que :

- le gaspillage alimentaire est responsable de 8 % des émissions de gaz à effet de serre ;
- l'équivalent en eau du lac de Genève est gaspillé chaque année dans la production de gaspillage alimentaire ;
- 30 % des terres cultivées sont occupées à produire du gaspillage alimentaire et ne sont ainsi pas productives. »[5]

L'Afrique, zone la moins contributrice à la crise écologique, fait figure de région la plus vulnérable parmi les régions du monde considérées comme les plus exposées aux dégradations environnementales. Un effet croisé du système climatique complexe du continent et de la répercussion de ce système, avec les défis socio-économiques qui le caractérisent actuellement, noircit le tableau sur le continent. Les prédictions moroses de changements

[5] https://blog.lafourche.fr/gaspillage-alimentaire-monde

climatiques emporteront davantage d'événements climatiques extrêmes qui ont pour nom : sécheresses, inondations, cyclones, tempêtes de sable et feux de forêt qui grandiront en ampleur et en fréquence. Le surcroît prévu de la réitération et de la gravité de ces phénomènes risque d'engendrer des déplacements conséquents de populations des zones vulnérables vers des endroits moins exposés, sans compter le poids économique supplémentaire auquel devront faire face les États touchés. Des désordres géopolitiques radicaux induiront une perturbation des fragiles équilibres régionaux et internationaux et les corrélats immanquables du bouleversement climatique seront : tensions autour des ressources naturelles, modifications territoriales, affaiblissement des États fragiles, multiplication des événements climatiques extrêmes et augmentation des mouvements migratoires.

Au Sénégal, le changement climatique va intensifier les tempêtes de pluies plus fortes. Cela amplifiera la fréquence et l'étendue des inondations, qui provoqueront irrémédiablement l'érosion des sols pour déboucher sur une baisse des rendements agricoles, entraînant des pertes de productivité.

À côté de ce péril climatique pointe une révolution numérique qui produit des ruptures et des transformations, des angoisses et des peurs, des promesses et des déconvenues sur nos vies, en profondeur et en accéléré. Tous les compartiments de l'activité humaine sont affectés. Le champ lexical de notre quotidien est révélateur de cette civilisation technologique : on parle de digitalisation, de *Metaverse*, de *deep fake*, d'Intelligence Artificielle, de télémédecine. Les algorithmes, les machines et les robots ainsi que la jonction vertigineuse des percées technologiques couvrent d'immenses domaines : l'intelligence artificielle (IA), la robotique, l'Internet des objets (IdO), les véhicules autonomes, l'impression en 3D, les nanotechnologies, les biotechnologies, les sciences des matériaux, le stockage d'énergie et l'informatique quantique, qui convergent dans le but, sous certains aspects, de supplanter les hommes. Tel est, tout au moins, le risque que certains prophétisent avec l'avènement d'un transhumanoïde, une sorte d'humain augmenté qui succèdera à l'homo sapiens. Nous sommes encore loin d'avoir saisi pleinement l'ampleur de cette nouvelle révolution. La rapidité de ces changements, leur complexité et leur transversalité sont historiques et charrient déjà des bouleversements profonds dans nos modes de vie, de consommer, de voyager, d'acheter et de vendre. On ignore encore les effets et la profondeur des transformations, des promesses et des risques déclenchés par cette révolution industrielle.

La révolution numérique redéfinit la guerre. Une forme de cyberguerre, au travers de cyberactions, d'attaques informatiques, existe pourtant. Tous les conflits récents ont vu l'utilisation de cyberarmes (Afghanistan, Géorgie, Libye, etc.). Il s'agit donc d'une opération coordonnée menée au travers du cyberespace par un groupe ayant des objectifs définis, au moyen de systèmes d'information et de communication. Les attaques informatiques ne sont pas toutes de même nature. Une classification intéressante a été établie par le Center for Security Studies (CSS) de Zurich, qui offre une gradation entre les différentes formes d'attaque. Par ordre d'importance croissante, on trouve au premier niveau le « cyberhacktivisme », ou cybervandalisme, qui consiste en un piratage des sites, avec destruction de données informatiques. Aux deuxième et troisième niveaux figurent le cybercrime et le cyberespionnage, qui ciblent principalement les milieux d'affaires : la finalité de l'attaque est ici le bénéfice financier. Au quatrième niveau, on trouve le cyberterrorisme, qui est le fait d'organisations non étatiques cherchant à intimider un gouvernement ou une population pour faire valoir leurs revendications. Enfin, au dernier niveau trône la cyberguerre, cas d'attaque le plus grave, mettant en jeu la sécurité d'un État ou de ses intérêts.

La maîtrise de l'information constitue le centre de gravité du conflit. Une information qui doit à la fois être tout le temps disponible et fiable, et parfois confidentielle ou cryptée.

Les cyberattaques ont de plus en plus de conséquences dans le monde réel. La technologie inonde le secteur de la défense, ne faisant qu'augmenter sa dépendance au cyberespace. Les réseaux et systèmes de communication sont de plus en plus interconnectés. Dans le cas des infections virales, l'impact est rapidement régional, voire mondial. L'hypertechnologie demande aux États et aux acteurs économiques de constamment mettre à jour leurs connaissances et leurs équipements. Par conséquent, nous assistons à une « course aux armements » dans le cyberespace. Pour ne pas être débordé, il faut en mettre davantage chaque jour.

Les gouvernements africains sont confrontés à des cybermenaces en évolution rapide auxquelles ils ne sont pas totalement préparés : espionnage, perturbation des infrastructures critiques, crime organisé et perturbation de l'innovation. Selon Nathaniel Allen, « ces attaques témoignent de la progression des menaces cyber et du risque qu'elles représentent pour la sécurité africaine. Les acteurs participant à ces activités sont très divers, du hacker "loup solitaire" aux États-nations. Leurs moyens et leurs intentions sont variables. Les gouvernements africains et les acteurs du secteur de la sécurité commencent pourtant tout juste à identifier et à réagir à ces technologies numériques qui transforment la sécurité africaine »[6].

Le numérique a aboli les frontières par la connexion. Des auteurs qui y voient « un grand enchevêtrement » en donnent une parfaite illustration en ces termes : « La technologie moderne et les réseaux informatiques à grande

[6] Nathaniel Allen, *L'Afrique à l'épreuve des nouvelles formes de cybercriminalité*, Éclairage, Centre d'études stratégiques de l'Afrique, 2 février 2021.

vitesse ont rétréci la planète. Le monde entier tient sur un bureau. Un ordinateur standard a communément été commandé sur l'internet à une entreprise américaine, monté en Irlande à partir d'un processeur fabriqué au Costa Rica, d'une mémoire sortie d'une usine allemande, d'un disque dur construit aux Philippines, d'un clavier de Taiwan et d'un écran plat venant du Japon. La facture peut avoir été émise par une société de comptabilité indienne, et les appels au service après-vente traités par un call center installé au Maroc »[7].

L'environnement et le numérique sont certainement assez remarquables dans les moteurs de changement, mais le social est aussi en pleine mutation. De nouvelles figures, de nouvelles croyances, de nouvelles revendications, de nouvelles orientations, de nouvelles aspirations parfois contradictoires surgissent et demandent chacune une dignité à la reconnaissance. Il s'agit à n'en point douter de véritables bouleversements, c'est-à-dire d'une divergence par rapport aux modèles traditionnels ou d'un point de rupture dans un processus ou dans une société. Le bouleversement n'est pas une invention nouvelle, il y a toujours eu des événements ou des inventions qui ont durablement marqué le cours des événements. C'est tout de même une période propice à l'innovation. Et c'est précisément de cette innovation globale et holistique que ce Sénégal qui vient sera le nom.

Le Sénégal est mêlé à tous ces défis du monde en conservant ses enjeux propres. Cette double origine des défis appelle une réponse éclectique non frileuse et assez lucide. Au fond, il s'agit d'un mélange entre originalité et conservatisme, entre audace et prudence, entre ruptures fondatrices et continuités innovantes sans complexe, mais sans prétention, sans urgence, mais sans lenteurs. C'est précisément d'une réécriture du roman national

---

[7] Fabien et Patricia Chabreuil, *La spirale dynamique. Comprendre comment les hommes s'organisent et pourquoi ils changent*, Intereditions, page 7.

qu'il s'agit en assumant les pages sombres et peu glorieuses sans les porter comme des inhibitions tétanisantes qui ralentiraient l'action. À ce compte, le Sénégal présente un tableau assez complexe. En effet, autant le pays est inscrit historiquement dans une stabilité politique et une cohésion sociale remarquables, autant des velléités entropiques menacent l'horizon. D'autres atouts distinguent le Sénégal.

Avec un taux de croissance économique autour de 7 % ces dernières années, le Sénégal, dont le partenaire commercial le plus important est l'Union européenne, est l'une des économies les plus dynamiques en Afrique. Les prévisions suggèrent que cet essor économique se maintiendra pendant des années. Les avantages du Sénégal ont pour principal siège l'agriculture, le tourisme et le dynamisme du commerce et de la construction. La découverte de gisements de pétrole et de gaz induira un changement à la condition d'assurer un équilibre entre les différents secteurs économiques si la connexion de ce nouveau secteur de production au reste de l'économie est « effectuée de façon adéquate, à la fois en termes de salaires dans le secteur, d'emploi des ressources, ou encore de politique énergétique ».

La découverte de réserves de pétrole offshore au large des côtes du Sénégal a permis de confirmer les prévisions économiques positives ainsi que le bond en avant amorcé, à long terme et durable.

Ce livre n'est certainement pas une boule de cristal, mais une tentative de mise en perspective, à partir de données actuelles, de phénomènes à bas bruit qui vont s'intensifiant et qui dessinent les linéaments des configurations à venir au Sénégal. Le Sénégal ne sera plus comme avant. Par la force des choses, des changements de direction seront induits par des phénomènes tant exogènes qu'endogènes. Nul ne peut établir une prévision exacte de ce futur, mais les variables lourdes qui figurent une tendance ferme permettent de s'y préparer par une compréhension des causalités enchevêtrées et des corrélations discontinues, des ruptures systémiques et des résistances structurales. Il y a une complexité ardue et effrayante qui suinte des « interrétroactions » innombrables entre processus extrêmement divers (économiques, sociaux, démographiques, politiques, idéologiques, religieux, etc.).

Il est cependant certain qu'il ne suffit pas d'avoir tout prévu pour être préparé, on ne peut d'ailleurs pas tout préparer parce que nos ressources cognitives sont très limitées et les objectifs attendus seront toujours infléchis par des événements incertains et inconnus. La seule certitude acquise est que les choses changeront. Toutefois, des questions lancinantes surgissent : comment se fera le changement ? Quelle sera son orientation ?

Le changement peut être un statu quo ou une simple recomposition des invariances. Pour Michaël Lowy, « il ne s'agit pas de trouver des "solutions" pour certains "problèmes", mais de viser une alternative globale à l'état de choses existant, une civilisation nouvelle, un mode de vie autre, qui ne serait pas la négation abstraite de la modernité, mais son dépassement (*aufhebung*), sa négation déterminée, la conservation de ses meilleurs acquis, et son au-delà vers une forme supérieure de la culture – une forme qui restituerait à la société certaines qualités humaines détruites par la civilisation bourgeoise industrielle. Cela ne signifie pas un retour au passé, mais un détour par le passé, vers un avenir nouveau... ».

Le Sénégal est impliqué par tous ces défis et doit trouver sa réponse singulière pour assurer le bien-être et la sécurité de sa population. Moubarack Lo[8] dresse un tableau très peu reluisant du Sénégal en ces termes :

[8] Moubarack Lo, « Ma vision du Sénégal de demain », https://www.dakaractu.com/MA-VISION-DU-SENEGAL-DE-DEMAIN-Moubarack-LO_a578.html

« Aujourd'hui, près d'un Sénégalais sur deux est considéré comme pauvre ou souffrant d'une alimentation insuffisante. Le chômage gangrène les jeunes, y compris les diplômés, et les pousse à chercher à émigrer. De nombreux chefs de famille arrivent difficilement à assurer la dépense quotidienne, du fait d'un coût de la vie excessif et mal maîtrisé. Neuf enfants sénégalais sur cent meurent avant d'atteindre 5 ans et quatre femmes sur mille décèdent en donnant naissance. Dans le monde rural, des agriculteurs et des éleveurs sont presque laissés à eux-mêmes, sans possibilité de crédit, d'intrants, de conseil ou d'équipement pour améliorer leur productivité, tandis que les prix au producteur demeurent faibles comparés aux marges engrangées par les autres acteurs intervenant en aval. Des milliers de villages sont encore privés d'eau potable, d'électricité et de pistes d'accès. Trente ans après son déclenchement, le problème casamançais demeure entier, malgré les multiples efforts engagés par les pouvoirs publics. Notre patrimoine culturel national se délite, l'État se préoccupant insuffisamment de sa sauvegarde. »

Ce constat de l'économiste est terriblement effrayant, mais terriblement réaliste. Il décrit une crise qui demande des voies de sortie. Ainsi, la question est de savoir comment réussir à les surmonter « au moment où notre pays subit encore tous les jours les effets rémanents et les contrecoups ininterrompus et désastreux de tâtonnements endémiques qui ne sont que le fruit d'un déficit de savoir et de savoir-faire de la part des dirigeants contestables »[9].

Comment surmonter ces maux multiformes qui assaillent notre pays et trouver les lignes qui dessineront la figure du Sénégal ? Quels seront la bonne conduite à tenir, les ajustements et correctifs à faire ? En somme, quel sera le Sénégal qui vient ?

---

[9] Théodore Ndok Ndiaye, *Quel Sénégal pour demain ? Une vision chrétienne et citoyenne*, Paris, L'Harmattan, 2012.

Pourquoi ce livre ?

Ce livre est le fruit d'une observation de la société sénégalaise, de lectures nombreuses, de rencontres heureuses, d'échanges avec des acteurs de différents secteurs, certainement d'une curiosité et d'un besoin de comprendre la trajectoire des choses et d'agir. L'objet de ce livre, c'est aussi pour tenter d'avoir un aperçu de l'avenir à partir de notre présent et non jouer les haruspices, un effort prospectif à partir des constats rétrospectifs.

Jeune étudiant à l'UFR de sciences juridiques et politiques de l'université Gaston Berger de Saint-Louis, sortant fraîchement d'études philosophiques, j'étais dans une sorte d'insatisfaction du réel tel qu'il se posait à moi, avec des tares qui, à mon sens, étaient rédhibitoires, mais qui par habitude finissaient par paraître normales à tous. Aucune possibilité de remaniement de l'environnement et du comportement des acteurs n'était envisageable, tout du moins à l'échelle de l'étudiant que j'étais. Cette insatisfaction produisait en moi un malaise presque existentiel exacerbé par mon inaction ou mon incapacité à agir pour transformer les choses dans une meilleure téléologie. Il m'était donc clair que mon inaction faisait advenir un néant et qu'AGIR sur les choses pour les CHANGER était pour moi un besoin viscéral.

C'est avec le syndicalisme estudiantin que mon engagement débute pour l'amélioration des conditions de vie et d'études de mes camarades. Mais le caractère presque subversif de l'Université déformait mes actions qui tantôt étaient excessives, tantôt inopérantes, et elles n'étaient surtout pas innervées par une délibération idéologique.

À la sortie de l'université, je relève que les engagements militants ou associatifs se vivent précisément et s'expriment souvent comme l'expérience d'un sujet affranchi des identités assignées. En effet, les multiples déterminations de l'individu liées à son appartenance à plusieurs catégories sociales (genre, âge, génération, ethnie, catégorie socioprofessionnelle...) prescrivent des modes de comportement qui, intériorisés, sont toujours le produit d'un ajustement entre une trajectoire biographique et le cadre collectif dans lesquels ils se déroulent[10]. La seule volonté individuelle est inapte à transformer le réel. Elle doit trouver où et comment s'arrimer et s'incarner dans des structures précises pour donner effectivement lieu à des pratiques. Il y a toujours cependant un fait générateur qui accélère notre entrée en politique. C'est l'idée que chaque citoyen a entre ses mains un morceau de république et qu'il doit veiller à soigneusement coller aux morceaux des autres pour construire un ensemble cohérent.

Si s'engager en politique peut sembler être une tâche complexe et parfois décourageante et rébarbative parce que l'image projetée par certaines scènes et certains comportements heurte la conscience, il demeure qu'il s'agit d'une entreprise essentielle pour le bien-être et le progrès de toute société, d'une aventure excitante pour un homme et qu'elle prend sous certains aspects les atours d'un sacrifice. La politique est souvent perçue comme une profession divisée, compétitive, parfois mêlée de corruption et de scandales, un court-circuit de l'ascenseur social qui accélère un enrichissement sans cause déconnecté du mérite, du talent ou du parcours professionnel. Cependant, il est important de reconnaître la noblesse inhérente à la politique lorsque celle-ci est pratiquée avec intégrité et pour le bien commun. Les grands hommes politiques sont capables de voir au-delà de l'horizon immédiat et de diriger leur pays vers un avenir meilleur.

[10] Bénédicte Harvard Duclos, Sandrine Nicourd, *Pourquoi s'engager ? Bénévoles et militants dans les associations de solidarité*, Paris, Payot, 2005.

Ils ont la capacité de concevoir des politiques à long terme et de les mettre en œuvre de manière efficace.

Pour ma part, une double conviction a déterminé mon engagement politique.

La conviction qu'un homme présentait historiquement toutes les caractéristiques pour porter le Sénégal sur une voie rapide d'émergence et que c'était pour moi un devoir de m'associer à ce train de l'histoire qui prenait le départ sous mes yeux. Le témoin historique de l'apparition de Macky Sall ne devait pas me laisser à quai. J'ai embarqué.

J'ai Kolda – et c'est là le second versant de ma conviction – chevillée au corps. J'ai une passion obsessionnelle pour cette ville, sa jeunesse, sa population. Mon devoir premier et ultime est de m'engager pour un mieux-être de cette localité afin de lui asseoir une triple attractivité : sociale, économique et culturelle. Mon but est de faire de Kolda un endroit où il fait bon vivre. Kolda est donc pour nous un laboratoire d'expérimentation des nouvelles idées et de notre vision particulière du développement local arrimé au développement national.

Dans ma profession de foi en vue de la campagne pour les élections locales, mon engagement était de « combattre les inégalités et remédier aux vulnérabilités afin que l'émergence en marche au Sénégal soit une réalité pour toutes et tous à Kolda ». Nous y présentions le triptyque qui allait être le fil d'airain de notre action ainsi :

Je veux faire de Kolda une contrée attractive sur le plan social, culturel et économique.

- ***Une attractivité sociale.*** *Il s'agit de faire de Kolda un terroir où on peut se nourrir, se vêtir, se loger, se soigner, échapper aux maladies évitables, accéder à l'éducation, accéder au marché du travail, bénéficier de loisirs et participer à la vie sociale et politique.*

Kolda doit retenir sa population et attirer les habitants des autres territoires.

- ***Une attractivité économique.*** *Kolda doit attirer des investissements structurants et devenir un hub économique qui actualise les potentialités réelles de notre territoire. On devra améliorer la qualification de la main-d'œuvre, développer les infrastructures de transport et de télécommunication. En développant une économie rurale, un pastoralisme performant, en bonifiant les activités agroforestières, en misant sur une économie solidaire, je m'engage à construire un cadre économique viable.*
- ***Une attractivité culturelle.*** *L'art et la culture ont déjà donné la preuve de pouvoir apporter des impulsions concrètes au territoire. Je compte faire de la* **culture de Kolda** *une opportunité, ou encore mieux, une ressource, pour une nouvelle phase du développement économique et social. À travers la culture, par la dynamique qu'elle génère auprès de la population, on peut régénérer et refonctionnaliser notre territoire.*

Cette vision est le résultat de mon parcours et de mon ambition. Elle peut être réplicable sous d'autres cieux et doit se nourrir d'inspirations et de réussites d'autres contrées, mais nous avons commencé à lui donner corps au bout de deux années avec un certain succès. Ainsi, nous avons, dans chaque compartiment de la vie des Koldois, posé un acte qui participe de l'attractivité que l'on souhaite donner à Kolda.

Ces déterminants politiques s'orientent vers les deux objectifs de mon engagement : changer et agir. Et là s'immisce une incertitude quant à l'atteinte des objectifs dans la mesure où le but d'un engagement politique est de modifier la condition humaine en l'améliorant. Or, l'humain n'est pas une donnée figée, une bonne fois pour toutes, l'homme change au gré de son environnement, de sa trajectoire et même de sa génétique. Cette incertitude qui plane sur l'efficacité de mon action politique pouvait entraîner une inaction, un retrait, de peur d'échouer. Vu ainsi, aucun engagement ne se vaudrait sauf à considérer la méthode caractérisée par des essais divers qui sont poursuivis jusqu'au succès en faisant montre de résilience, c'est-à-dire d'une capacité à continuer à se projeter dans l'avenir en présence d'événements déstabilisants, de conditions de vie difficiles, de traumatismes parfois sévères. Cette résilience est d'une certaine manière la compréhension de la complexité du fait social qui aujourd'hui conjugue un pluriel de valeurs, d'identités, de parcours, si bien qu'un homme politique est tenu de réinventer constamment son approche parce que « le temps des solutions uniques est révolu ». Ce serait d'ailleurs un contresens que de vouloir appliquer une solution unique à des situations diverses en ce que les systèmes de valeurs, de pensées, de comportements et d'actions surgissent quand les conditions sociales le rendent nécessaire, sans pour autant faire disparaître les précédents. Il arrive même que ces systèmes coexistent en se complétant ou en s'excluant par le conflit. Dès lors, l'action de l'homme politique, pour avoir un impact, doit prendre en considération que « la prise de conscience de l'hétérogénéité du monde et des êtres permet d'appliquer à chaque ensemble de valeurs la réponse la plus appropriée pour lui-même, pour nous et notre environnement ».

L'époque est à une forte dégradation de l'image des responsables politiques gouvernant des démocraties représentatives plongées dans une crise du fait, pour partie, « des impatiences et des attentes d'un progrès démocratique ». Un système explicatif global de ce rejet du politique est assez difficile à élaborer ; est-ce la figure de l'homme politique qui est entrée en décadence ou sont-ce les attentes des populations qui sont inaccessibles ?

Une chose est sûre, « les raisons de la défiance », si forte, soulignent que le non-respect de la promesse républicaine, à savoir, l'insuffisante reconnaissance du mérite et le sentiment d'injustice qui en résulte, nourrit le décalage entre le discours officiel et son effectivité dans les réalités vécues. Les personnalités politiques sont comme hors sol, en totale déconnexion avec la réalité. Cette réponse est un peu courte et assez convenue pour couvrir la vérité exacte. Il faut remarquer que le temps de la demande sociale est dans l'immédiateté alors même que la réponse politique est programmatique, budgétaire et administrative ; elle est donc lente. Les demandes sociales sont urgentes et nécessaires, mais parfois démesurées pour un pays aux moyens aussi étriqués ; la demande n'est plus matérielle, sous ce rapport, elle est éthique et dessine le portrait-robot du politique, qui doit être un homme ou une femme de vertu.

À ce stade, deux questions se posent : celle du rôle de l'acteur politique et celle de ses qualités essentielles. L'homme politique, surtout lorsqu'il exerce le pouvoir, est une figure appréhendée selon l'historien Pierre Rosanvallon à travers deux principes : la similarité et la différence. Similarité parce qu'il doit être ressemblant, il doit être comme nous, mais différence parce qu'il est attendu de lui des compétences particulières. C'est une demande contradictoire du citoyen moderne, mais qui est le gage du transfert de sa souveraineté personnelle qu'il transfère : la similarité assure que le dirigeant est embarqué dans la même réalité que lui et qu'il partage son vécu et ses attentes ; la différence est une manière pour le citoyen de voir dans le dirigeant une capacité à se départir de cette réalité commune en l'améliorant.

Une deuxième explication du désenchantement des citoyens est aussi à chercher dans l'accumulation de crises graves et durables au cours de la même période – financières, économiques, budgétaires, terroristes, sociales, sanitaires et maintenant militaires. Ces événements qui s'imposent sans offrir une grande marge d'action à l'acteur politique produisent un rejet de celui-ci, accusé, à son corps défendant, d'impéritie sans l'excuse exonératoire de la force majeure. C'est, il est vrai, un procès assez facile, mais surtout une invite à l'humilité. Cette humilité est un viatique nécessaire pour construire quelque chose de plus grand que soi et qui laissera une trace à la postérité.

Ma vision du monde

L'ordre multinational mis en place après la Seconde Guerre mondiale reposait sur la distinction claire entre la compétence nationale et les affaires internationales. Aujourd'hui, avec la transformation des équilibres mondiaux et la réduction du pouvoir des États, comment imaginer un avenir au multilatéralisme ?

L'ordre multilatéral dont on déplore aujourd'hui le déclin n'a jamais vraiment existé : les États les plus puissants ne se sont jamais privés de violer les règles qu'ils avaient adoptées quand elles entravaient la défense de ce qu'ils estimaient être leur intérêt national, codifiant même leur puissance en obtenant au Conseil de sécurité un droit de veto.

L'idée de départ repose sur la conviction qu'un monde où la paix repose principalement sur des rapports de force et où chaque État prend ses décisions avec le seul souci de son intérêt national est un monde plus imprévisible et plus dangereux. La solution toute trouvée était dès lors d'inventer des compromis qui permettent au minimum un bon voisinage entre les nations, et au mieux des actions communes qui servent les intérêts partagés des nations.

La création d'une multitude d'institutions internationales telles que l'ONU, le FMI, la Banque mondiale (organismes nés des accords de Bretton Woods) et le GATT (prédécesseur de l'Organisation Mondiale du Commerce) poursuivait cet objectif. La fonction du multilatéralisme est toujours la même : s'entendre sur des règles communes au plus grand nombre possible d'États, sur une base volontaire, pacifique et durable, être un substitut de législation internationale.

Cependant, un problème congénital est la source première d'une crise de cet ordre multilatéral. En effet, il y a un manque de représentativité des institutions héritées de l'après-guerre : la question est posée pour l'institution la plus importante de l'architecture de sécurité du monde, le Conseil de sécurité des Nations unies, mais elle se pose aussi pour l'Assemblée générale de l'ONU. Au Conseil de sécurité, cinq membres permanents dominent un Conseil de quinze États, mais ni l'Inde, avec plus d'un milliard d'habitants, ni le Japon, avec une économie qui représente une part significative de la production mondiale, n'en font partie, ni aucun État africain, alors que c'est en Afrique que l'ONU déploie plus des quatre cinquièmes de ses Casques bleus, ni aucun État d'Amérique latine, ni l'Allemagne, la première puissance économique d'Europe.

Cette crise débouche sur un retour des nationalismes, du repli sur soi et du communautarisme. Les nations, lasses de ne pas voir leur voix et leurs préoccupations sécuritaires prises en compte, cristallisent des frustrations et développent des solutions personnelles et solitaires. C'est somme toute une réaction naturelle de protection et d'instinct de conservation dans la mesure où même s'il n'y a pas un État supra national, il reste que le multilatéralisme suppose de se délester d'une partie de sa souveraineté en contrepartie d'un espoir de voir ses intérêts pris en charge. En fait, pour qu'un système multilatéral opère, il faut qu'aucune nation ne place ses intérêts au-dessus de toutes les autres. En effet, « le multilatéralisme, c'est dans chaque nation assez d'humilité pour accepter que la négociation avec les autres améliore les décisions au lieu de les dégrader. C'est la conscience qu'un être humain est enrichi et non appauvri par des identités multiples, que l'hybridation est une force et non une faiblesse, tous sentiments que le nationalisme cherche à détruire »[11]. En même temps, le multilatéralisme peut comporter des rigidités qui le placent en porte à faux et devenir générateur d'insécurité, inadapté à l'évolution des relations internationales. L'unilatéralisme et l'hégémonie de certaines puissances trouvent les mécanismes de collaboration internationale contraignants, bureaucratiques, coûteux, à l'efficacité incertaine.

L'avènement des BRICS est une illustration du décentrement des points d'équilibre des relations internationales non pas tant pour des raisons contestataires, mais pour un besoin de pluralisme qui accueille sur la scène internationale des tonalités qui retracent la réalité selon ses aspects contemporains. Les BRICS ont clairement démontré leurs aspirations à plus d'influence et d'autonomie dans le système international. Selon Oliver Stuenkel (2015), le groupe a manifesté son désir d'un nouvel ordre mondial moins centré sur l'Occident. Cela se traduit notamment par la création de la Nouvelle Banque de Développement en 2014, visant à offrir une alternative aux institutions financières de Bretton Woods comme le FMI et la Banque mondiale.

Par ailleurs, Fareed Zakaria (2008) soutient que nous assistons à « *the Rise of the Rest* », avec des puissances émergentes qui contestent de plus en plus l'hégémonie des États-Unis. Cela est particulièrement vrai pour la Chine, qui est en passe de surpasser l'économie américaine en PIB nominal d'ici 2030 (CEBR, 2017). La Chine joue déjà un rôle majeur dans le commerce et les investissements mondiaux, ainsi que dans la diplomatie internationale, par exemple, avec son initiative « Belt and Road ».

L'Inde, avec sa population jeune et en croissance, est aussi appelée à devenir un acteur majeur de l'économie mondiale. Selon Jim O'Neill

---

[11] Jean-Marie Guéhenno, « La crise du multilatéralisme », *Esprit 2014/8-9 (Août/septembre)*, pages 49 à 57.

(2020), d'ici 2050, l'Inde pourrait être la troisième plus grande économie du monde, après la Chine et les États-Unis.

Cependant, la montée des BRICS n'est pas sans défis. L'instabilité politique, les problèmes économiques internes et les différends territoriaux pourraient freiner leur ascension. De plus, les BRICS sont une coalition hétérogène avec des intérêts parfois divergents. Par exemple, les tensions sino-indiennes pourraient limiter leur capacité à former un front uni sur la scène internationale.

Alors que les BRICS sont susceptibles de jouer un rôle de plus en plus important dans l'ordre international, le degré et la nature de cette influence dépendront de nombreux facteurs, y compris de leur capacité à surmonter les défis internes et à maintenir une coopération solide entre eux. Tout de même, dans une perspective à court terme, nous pourrions assister à une redistribution des rapports de force sur la scène internationale due à l'émergence des BRICS. Cette redéfinition de la géométrie des relations internationales va assurément susciter de nouvelles dynamiques de pouvoir dans la mesure où ces pays représentent un contrepoids important face aux puissances occidentales traditionnelles. La Chine, avec son économie croissante et son influence géopolitique, est déjà un acteur clé dans cette transformation. L'Inde, avec son potentiel économique et démographique, pourrait également émerger comme un acteur clé. Le Brésil, la Russie et l'Afrique du Sud, malgré des défis internes, cherchent également à augmenter leur influence. Ces dynamiques nouvelles vont conduire à une volonté de réforme des institutions internationales pour refléter le nouvel ordre mondial. Ainsi, ces pays pourraient revendiquer une plus grande représentation au sein du Conseil de sécurité des Nations unies ou dans les institutions financières internationales. En parallèle, ils ont déjà commencé à créer leurs propres institutions, comme la Nouvelle Banque de Développement, et à nouer de nouvelles alliances et de nouveaux blocs.

Malgré une persistance des conflits et des instabilités qui pourraient freiner sa croissance et son ascension sur la scène internationale, l'Afrique, avec son énorme potentiel démographique et économique, devrait jouer un rôle de plus en plus important dans l'ordre international futur. C'est conscient de ces enjeux que déjà en 2020, le Président Macky Sall plaidait « pour un nouvel ordre mondial qui redéfinit l'ordre des priorités » et « plus juste ».

L'importance stratégique du continent sur la scène mondiale gagne en ampleur et en évidence puisque les pays africains sont considérés comme des « États pivots » dans la grande bataille qui oppose les partisans et les détracteurs de l'ordre international actuel. La valeur stratégique de l'Afrique a été accrue pour les grandes puissances mondiales et a été renforcée par les tensions internationales et la volatilité économique provoquées par l'invasion de l'Ukraine par la Russie et par les retombées de la pandémie de la Covid-19. Il y a comme une disparition du monde issu de 1945 avec ses institutions qui ont l'ont organisé et relégué le continent à un rôle d'assisté sous perfusion d'aide et de plans de toutes sortes. La situation, les rapports de force d'aujourd'hui ne sont plus ceux de 1945 ; une meilleure place doit être aménagée aux « émergents ». Il n'est plus concevable de continuer à méconnaître le poids exercé par les sociétés et les acteurs sociaux dans le jeu de la mondialisation. D'autre part, le multilatéralisme, qui croyait pouvoir renaître des cendres de la bipolarité, a été stoppé dans son élan au cours des premières années du nouveau millénaire : « Les échecs subis par les projets de réforme, les assauts répétés des néoconservateurs contre le système onusien, la méfiance croissante des puissances à son égard, l'ont installé dans le conservatisme lorsqu'il s'agit des institutions de Bretton Woods, et dans la léthargie lorsqu'il s'agit de l'ONU »[12].

[12] https://www.lemonde.fr/idees/article/2011/11/23/l-histoire-moderne-de-l-homme-politique-est-finie_1608187_3232.html

Mais le bémol de cette arrivée massive de l'Afrique sur la scène internationale est que dans ce scénario, l'Afrique n'est pas acteur décisif de la reformulation des enjeux globaux, mais un allié de circonstance de certaines puissances qui intègrent le continent dans leur propre agenda. Je ne crois pas que ce soit à terme une bonne nouvelle pour l'Afrique qui, sitôt qu'elle n'aura plus cet intérêt stratégique, sortira du jeu. La géoéconomie, qui révèle des « rivalités pour l'acquisition et le maintien du monopole technologique et commercial », semble sortir l'Afrique de la périphérie pour l'amener au centre, mais dans une certaine passivité du continent qui ne se meut pas selon ses propres visions, mais selon les intérêts des autres. La voix et la voie internationales de l'Afrique doivent se poser selon sa propre vision du monde et ses intérêts. Le monde ne se fera pas sans une Afrique forte.

Compte tenu de la terrible complexité d'un monde enchevêtré et interconnecté, aucune nation, indifféremment de sa puissance ou de sa richesse, de sa faiblesse ou de sa pauvreté, ne peut évoluer en toute insularité et se construire isolément.

L'état des déséquilibres monétaires, économiques, sociaux et humains est tel que seule la concertation permettra « de cheminer vers un nouvel avenir mondial ».

Il y a un fait notoire qui fait de certains pays africains les contrées par excellence de la matérialisation du paradoxe néolibéral : un continent riche à profusion en matières premières, mais dont les richesses sont spoliées, tandis que la grande majorité de la population s'enlise dans l'enfer de la faim et de la misère.

Ainsi, ma vision de l'Afrique est une manifestation de l'idéalisme et de l'aspiration à un changement significatif pour l'Afrique, qui va au-delà des questions politiques et économiques pour embrasser des valeurs fondamentales et des principes philosophiques.

Cette vision met l'accent sur la redécouverte et la réaffirmation de l'identité africaine. Elle est soutenue par des concepts tels que la négritude et le panafricanisme, qui cherchent à renforcer les liens culturels et historiques entre les pays africains. Ce processus de renaissance vise à rompre avec le passé colonial, à rétablir la fierté culturelle et à restaurer la dignité des peuples africains. En corrélation, je pense que les intellectuels africains aspirent à décoloniser les savoirs et les connaissances en remettant en question les paradigmes occidentaux imposés par le passé colonial. Ils cherchent à promouvoir des approches épistémologiques africaines en intégrant les traditions, les cultures et les expériences locales dans la production et la transmission des connaissances, ceci dans la perspective d'ériger un leadership éthique axé sur l'intérêt général plutôt que sur les intérêts personnels ou partisans, afin de faire éclore des dirigeants intègres, responsables et soucieux du bien-être de leurs concitoyens.

Ces présupposés devront se conjuguer à une idée centrale : les jeunes Africains sont au cœur de toute ambition, car ils représentent l'avenir du Continent. Ils aspirent à une participation citoyenne active et à une inclusion politique dans les processus décisionnels, permettant ainsi une gouvernance plus démocratique et représentative.

En définitive, je milite pour une plus grande solidarité et une meilleure coopération régionale pour surmonter les divisions héritées du colonialisme et construire des partenariats mutuellement bénéfiques pour relever les défis communs. Cela commence par un dialogue interculturel entre les peuples africains et les autres régions du monde qui encourage l'échange d'idées, de valeurs et de pratiques, dans le respect mutuel des différentes identités culturelles.

Cette perspective se nourrit aussi de l'élimination des inégalités de départ qui sont comme des fardeaux qui freinent l'évolution et l'épanouissement d'une frange importante de la population. C'est à ce prix qu'une justice sociale peut prospérer au Sénégal. S'il convient de noter que la justice sociale peut varier en fonction des valeurs et des perspectives culturelles de chaque société, ces marqueurs fournissent une base générale pour comprendre ses principes de base. Il demeure que cette justice sociale précisément repose sur plusieurs piliers fondamentaux qui définissent une société équitable et bienveillante pour tous ses membres.

Tout d'abord, l'égalité des chances est un principe clé de la justice sociale. Il est impératif que chaque individu ait un accès équitable aux opportunités, quels que soient son origine, son genre, sa race et sa classe sociale. Cette égalité des chances garantit que chacun a le droit de réaliser son plein potentiel sans être entravé par des barrières sociales ou économiques injustes, barrières qui inhibent la créativité et le talent.

Ensuite, l'équité est essentielle pour promouvoir une société socialement juste. Cela signifie qu'il faut tenir compte des différences individuelles et des besoins spécifiques de chaque personne lors de la répartition des avantages et des charges de la société. L'équité vise à réduire les inégalités et à garantir que tous les citoyens ont accès aux ressources et aux opportunités dont ils ont besoin pour mener une vie digne et épanouissante.

L'accès universel à des services de base est un autre marqueur crucial de la justice sociale. Chaque individu devrait pouvoir bénéficier d'une éducation de qualité, de soins de santé adéquats, d'un logement décent, d'eau potable, d'énergie et d'autres services essentiels. Cela assure un niveau de vie décent pour tous et contribue à réduire les disparités socio-économiques.

La lutte contre la pauvreté est également au cœur de la justice sociale. Une société équitable s'engage à éliminer la pauvreté en mettant en place des politiques et des programmes qui garantissent un revenu suffisant pour tous les individus et en offrant des filets de sécurité sociale pour soutenir les plus vulnérables.

Les droits de l'homme jouent un rôle central dans la justice sociale. Chaque personne a le droit fondamental d'être traitée avec dignité et respect, sans être soumise à la discrimination ou à l'injustice. La promotion des droits de l'homme, y compris la liberté d'expression, l'égalité des sexes et le respect de l'autonomie individuelle, est essentielle pour bâtir une société juste et éclairée.

Enfin, la durabilité environnementale est un aspect crucial de la justice sociale. Une société équitable doit prendre en compte la préservation de l'environnement et le développement durable pour garantir un monde viable pour les générations futures. Cela implique de protéger les ressources naturelles, de lutter contre le changement climatique et de promouvoir des pratiques respectueuses de l'environnement.

C'est dire donc que la justice sociale englobe toutes ces dimensions telles que l'égalité des chances, l'équité, l'accès aux services de base, la lutte contre la pauvreté, les droits de l'homme et la durabilité environnementale dans un seul mouvement de principes. En adoptant ces valeurs fondamentales, nous pouvons construire une société sénégalaise plus équitable, inclusive et respectueuse des droits de tous ses citoyens. En tant que responsable politique, c'est notre devoir de promouvoir et de défendre ces principes pour le bien-être collectif de notre société.

PREMIÈRE PARTIE

REPÈRES

Le temps et l'erreur

Notre époque est très encline aux injonctions de résultat immédiat, évacuant de la sorte des présupposés méthodologiques incompressibles. La réussite n'est pas systématique ni immédiate. Les choses se font dans un temps parfois long qui est le gage de la maturité et de la pérennité des solutions envisagées. La dimension temporelle est consubstantielle à l'action publique. D'ailleurs, toute « une série de notions destinées à analyser l'action publique renvoie de manière plus ou moins explicite à la question de la temporalité : les séquences de politiques publiques, les notions de seuil et d'accumulation, les chaînes causales, la distinction entre le temps long et le temps court, notamment ». Et il y a des temporalités différentes propres à chaque acteur du fait public : le temps des élus, ou l'appropriation des temporalités électorales ; le temps des organisations, ou la synchronisation des temporalités des systèmes organisés ; le temps des décideurs, ou les registres temporels de la décision publique.

Une sorte de « préférence pour le présent » a effectivement marqué l'horizon politique des démocraties, une « démocratie immédiate » qui précipite les décisions dans des desseins de séduction politique. Cependant, « l'enchaînement des réformes se combine avec la fragilisation des statuts et des normes de référence pour éroder les régulations anciennes, et d'autre part la pression des médias et la nécessité toujours plus pesante de rendre visible son action afin de conquérir l'attention et le soutien de l'opinion publique »[13].

Tout envisager, penser, tout prévoir, tout réussir n'est pas accessible à l'homme sauf à se bercer d'illusions. Il faudrait être un surhomme pour cela. La seule façon d'y arriver consiste à expérimenter de nouvelles façons de voir, de penser ou d'agir tout en acceptant que la vaste majorité ne produira pas les résultats escomptés. Si nous définissons une « erreur » en politique comme une politique qui n'atteint pas ses objectifs ou qui a des conséquences négatives non anticipées, alors oui, il est certainement possible de faire des erreurs en politique.

Un exemple célèbre de cela est la politique de prohibition aux États-Unis dans les années 1920. L'objectif de la prohibition était de réduire la consommation d'alcool et ses effets négatifs sur la société. Cependant, la prohibition a en fait conduit à une augmentation de la criminalité liée à l'alcool et à l'émergence de gangs criminels organisés. Par conséquent, beaucoup considèrent la prohibition comme une « erreur » en politique.[14]

Il existe aussi une perspective philosophique qui suggère qu'il est non seulement possible, mais aussi nécessaire, de se tromper en politique, car cela fait partie du processus d'apprentissage et de l'évolution de la société. Cette idée est illustrée dans le concept d'« expérimentation démocratique », qui soutient que la démocratie doit être considérée comme une « forme de gouvernement » qui permet à la société de tester et d'apprendre de différentes politiques.

---

[13] Jacques Commaille, Vincent Simoulin et Jens Thoemmes, « Les temps de l'action publique entre accélération et hétérogénéité », https://doi.org/10.4000/temporalites.2818.

[14] D. Okrent, *Last Call : The Rise and Fall of Prohibition*, 2010.

Par ailleurs, selon la théorie de l'apprentissage politique, les acteurs politiques apprennent des erreurs passées et ajustent leurs politiques en conséquence. C'est ce que suggère le concept de « *policy learning* ». Cependant, l'apprentissage politique peut être entravé par de nombreux facteurs, tels que les intérêts en jeu, la structure institutionnelle, l'appartenance partisane et la distribution du pouvoir.[15]

En définitive, « avoir le droit de se tromper » en politique peut être vu sous plusieurs angles. D'un point de vue pratique et utilitaire, une erreur politique peut avoir des conséquences graves, et donc les erreurs sont à éviter. Mais d'un point de vue philosophique et démocratique, l'erreur peut être perçue comme un moteur d'apprentissage et d'évolution de la société.

Il y a donc une double attitude à tenir dans une société : l'humilité des élites et l'indulgence des citoyens.

Du latin *humilitas*, qui dérive du latin *humus* – « terre » –, le terme désigne justement le fait de garder les pieds sur terre, en acceptant cette part de faiblesse qui est le lot commun des mortels. L'humilité est un état d'esprit, l'attitude d'une personne qui est capable de rabaisser ses propres mérites et ses propres qualités par une compréhension de ses limites. L'humilité met donc en relation les rapports que nous avons avec nous-même et avec les autres. En étant humble, on a parfaitement conscience de son insuffisance par rapport au monde et on l'accepte avec modestie, en adoptant une attitude bienveillante envers les autres, en se montrant attentionné à leur égard et en s'abstenant de mépriser qui que ce soit. Il s'agit donc d'un appel à l'inclusivité et à la collégialité parce qu'on reconnaît d'entrée notre incapacité à faire advenir tout seul les résultats par une « cure d'amaigrissement moral » qui déleste du surpoids d'ego. C'est précisément

[15] P. J. May, "Policy learning and failure", *Journal of Public Policy*, 1992, 12(4), p. 331-354.

le constat du faillibilisme de l'action humaine et du besoin de l'autre dans la réalisation des enjeux communs en sortant de cette proposition aporétique : l'homme politique promet tout, le citoyen demande tout.

L'esprit humain comporte une foule d'angles morts et de raccourcis qui échappent à la conscience. Afin de contourner cette cécité quant aux limites de ses savoirs, il est nécessaire de développer de nouvelles habitudes de gouvernance en phase avec la complexité non seulement par l'humilité et le courage, mais aussi par un engagement profond envers la croissance et la mission de la société liaison.

Le citoyen au centre du dispositif politique est au frontispice du modèle républicain. Sans s'essouffler complètement, la notion de citoyen connaît un renouveau spectaculaire avec l'émergence de formes inédites d'expressions et d'engagements des citoyens dans la sphère publique et la vie sociale. Les réseaux sociaux ont amplifié ces modes d'engagement en libérant la parole et surtout en ouvrant des horizons nouveaux et des influences nouvelles.

Cette nouvelle vitalité citoyenne sénégalaise est une citoyenneté de rejet de tout impérialisme et de toute vassalisation. Elle ne se sent redevable d'aucun legs et sera moins docile puisque plus informée, plus ouverte et plus exigeante. Elle ne comprendra pas les compromis historiques qu'elle lit comme lésionnaires et au désavantage du Sénégal malgré des pesanteurs propres à l'Afrique, telles que la pression communautaire, les allégeances familiales, ethniques ou confrériques, les solidarités paroissiales et clientélistes qui pourraient être des facteurs d'inhibition, mais qui ne sont tout au plus que des clichés et des préjugés tenaces.

En se confrontant par la magie de la connexion aux expériences revendicatives d'autres contrées, ses exigences sont décomplexées, disruptives et précises. Elles rejettent toutes les aristocraties acquises par des voix illégitimes et dérobées. Le citoyen est devenu un contrôleur de l'action publique. Cet état d'esprit débouche sur une défiance de l'autorité accusée d'être sinon complice, du moins coauteure de la mainmise de l'Occident qui, après des épisodes historiques douloureux et mal soldés, se réinvente sous la forme d'une servitude économique. Le trait est à peine forcé en notant que l'Occident est vu comme la mère de tous les maux de l'Afrique. La réalité ne correspond pas exactement à une telle description, mais il s'agit du sentiment du citoyen. La demande subliminale est au fond une demande de reformulation, en termes cohérents et égalitaires, de la relation avec l'Occident pour qu'elle passe de relation subie à relation consentie et volontaire. Et c'est peu de dire que « parmi les nouvelles générations, réduire la dépendance vis-à-vis d'acteurs lointains dotés de stratégies globales et peu attentifs aux conséquences de leurs actions sur les équilibres locaux est une priorité »[16].

Même si par certains côtés, la démarche peut être excessive, elle n'est qu'à la mesure des frustrations, des brimades, des spoliations de droits, de contingentement des libertés et d'exclusion de la sphère de décision. L'aborde pour une citoyenneté engagée autorise des entrées multiples qui « favorisent la participation active des citoyennes et citoyens en les invitant à intégrer davantage les valeurs des droits humains dans leur vie par le renforcement de leurs connaissances, habiletés et attitudes. Elle est conçue pour mener une démarche qui s'inscrit dans la durabilité et implique la communauté ».

Cette transformation de nos habitudes politiques, voire de nos mœurs démocratiques, exige le développement d'aptitudes et d'habiletés permettant d'être des citoyens accomplis en évitant le risque de tomber

---

[16] Achille Mbembe, *Les nouvelles relations Afrique-France : relever ensemble les défis de demain*, octobre 2021.

dans l'excès qui guette ce pouvoir citoyen, le risque des extrémismes religieux, traditionalistes, le risque de sortir d'une citoyenneté éthique, le risque de la désinformation par l'infox et par la manipulation. Il existe bel et bien un risque citoyen par les temps qui courent.

Au total, ce citoyen lucide et éclairé des enjeux du moment doit être indulgent, accepter l'erreur du dirigeant et non son impéritie, accepter l'échec et non la couardise. C'est tout juste une vision moderne qui comprend que « les gouvernants sont exposés à l'erreur comme les individus ». Mais l'erreur de l'autorité est plus funeste, car « ses erreurs se fortifient de toute la force des lois ».

Penser et agir par nous-mêmes

Dans les années 1980, une grande effervescence intellectuelle s'est emparée de la question du développement endogène pour formuler une vision afro-africaine du développement. Une brillante œuvre collective, produite sous la direction du regretté Joseph Ki-Zerbo, a sanctionné cette forte activité de réflexion. Il s'agit de *La natte des autres : pour un développement endogène en Afrique*[17].

Cette effervescence semble reprendre sous la brillante houlette de Felwine Sarr et Achille Mbembe, qui ont initié « les Ateliers de la pensée » et amorcent une réflexion décisive sur la reformulation d'imaginaires dépollués de contraintes et sortant des prêt-à-penser exportés, mais surtout décomplexé et qui s'affirme face au monde. Le constat de départ est que « l'Afrique n'est pas seulement le lieu où se joue une partie de l'avenir de la planète. Elle est l'un des grands laboratoires d'où émergent des formes inédites de la vie sociale, économique, politique, culturelle et artistique d'aujourd'hui ».

La figure de l'intellectuel est cruciale dans ce changement de paradigme pour indiquer la voie. Makhily Gassama fournit une démarche en ces termes :

> « La situation toute complexe et inédite de l'Afrique sur notre planète, en ce début du troisième millénaire et du XXIe siècle, exige de l'intellectuel

[17] Joseph Ki-Zerbo. Dakar, CODESRIA, 1992, 494 p., ISBN : 2-86978-010-9 (broché).

africain de la modestie et de l'humilité, mais aussi de l'action vigoureuse pour sortir nos sociétés du ghetto où la cruauté et la médiocrité sans nom des régimes politiques les ont embastillées depuis un demi-siècle ; ils retardent ainsi considérablement notre présence parmi les ouvriers des sociétés modernes ; et ces intellectuels savent que de nos jours, après la traite négrière et la colonisation dont on ne peut plus parler sans que ce qu'il convient d'appeler les "Françafricains" ne hurlent, en Afrique et en Europe, à la victimisation, au dolorisme, à la paranoïa – c'est à la mode au moment où nos populations cherchent à reprendre leur destin en main –, la responsabilité de l'intellectuel est immense dans la reconstruction du continent ; nous savons qu'à chaque étape de notre histoire, les acteurs de la Françafrique et les nostalgiques du pouvoir colonial sont prompts à inventer de nouvelles catégories, de nouveaux termes ou à dérober des vieux greniers des mots qu'on croyait ensevelis, des mots à l'allure de revenants, pour banaliser et freiner toute volonté de développement endogène. Et leurs admirateurs et correspondants africains – intellectuels, écrivains, journalistes –, comme des perroquets, les ressassent à volonté. Dégradante et abominable écholalie. Et l'on entretient et perpétue ainsi le goût irrésistible de notre élite politique pour le saupoudrage, pour la dépendance et la mendicité. »[18]

La charge est lourde, mais la vérité est puissante dans ces mots. Au fond, il n'est question que d'une reprise en main propre de la Weltanschauung intellectuelle de l'Afrique par les Africains. Le mouvement est du reste enclenché dans la mesure où « dans les Suds du monde, des voix neuves et originales s'élèvent et tentent de prendre en charge une pensée de notre terre commune dans des termes et des catégories éminemment nouveaux ».

L'Afrique a fait l'objet de presque toutes les approches épistémologiques, contradictoires pour la plupart, et qui se partagent entre un optimisme béat

---

[18] Makhily Gassama (dir.), *50 ans après, quelle indépendance pour l'Afrique ?*, Philipe Rey, 2010.

et un pessimisme crade, entre un négationnisme aveugle et un enthousiasme excessif.

Dans un ouvrage retentissant, Axelle Kabou[19], jeune économiste camerounaise alors, s'interrogeait sur le point de savoir si l'Afrique refusait le développement, en insistant tout de même sur l'importance pour l'Afrique de se ressaisir et d'entreprendre son propre développement.

Les ressorts de cet afropessimisme se partagent entre un simplisme analytique qui ignore la complexité du fait africain, et un regard européen myope sur des données historiques dont la profondeur temporelle des considérations se limite, sauf exception, à deux décennies. En 2003, deux ouvrages prononcent l'oraison funèbre du continent noir. L'universitaire Bernard Lugan, dans *God bless Africa. Contre la mort programmée du continent noir*, prophétise un déclin irrémédiable de l'Afrique. Dans un moment synchrone, le journaliste Stephen Smith commet une notice nécrologique avec le livre *Négrologie. Pourquoi l'Afrique meurt ?*

L'afro-optimisme suinte des milieux économiques qui voient en l'Afrique le dernier réservoir de croissance mondiale, à contre-courant des images de pauvreté et d'insécurité souvent véhiculées sur le Continent. Mais ce courant de pensée repose sur une idée opportuniste qui ne voit que des intérêts purement financiers au profit de pouvoirs privés économiques prédateurs qui, finalement, reformulent une dépendance économique de l'Afrique avec des termes plus vendeurs, plus séduisants, sans jamais adresser le développement africain en priorité. Au fond, ce ne sera qu'un changement de dépendance. On sort d'une dépendance de puissances étatiques étrangères pour tomber dans une dépendance de puissances privées d'argent. Dans les deux cas, jamais l'Africain n'a son mot à dire, il n'est jamais le directeur de sa destinée, mais toujours le sujet passif et

[19] Axelle Kabou, *Et si l'Afrique refusait le développement ?*, Paris, L'Harmattan, 1991,

subissant. Il n'est pas sûr que dans ces conditions, l'intérêt de l'Afrique soit une question prioritaire. En réalité, « les deux positions, afro-optimiste et afropessimiste, ont été des représentations caricaturales, outrancièrement simplificatrices de la complexité des réalités africaines, et tout au plus des demi-vérités »[20].

L'afropessimisme est aussi porté par cette fameuse notion de dividende démographique qui décrit, d'après le Population Reference Bureau (2013), « l'accélération de la croissance économique qui peut résulter d'une baisse rapide de la fécondité d'un pays et l'évolution ultérieure de la structure par âge de la population ». Par conséquent, « avec moins de naissances chaque année, la population d'un pays en âge de travailler grandit par rapport à la population jeune et dépendante. Avec plus de personnes dans la population active et moins de jeunes à prendre en charge, un pays peut profiter de l'occasion pour la croissance économique rapide si les bons investissements économiques, sociaux et politiques sont élaborés en matière de santé, d'éducation, de gouvernance et d'économie. Si les avantages d'un dividende peuvent être grands, les gains ne sont ni automatiques ni garantis ».

Le dividende démographique, une phase de croissance liée à une évolution favorable de la pyramide des âges, est indissociable de l'afro-optimisme, avec 2 milliards d'habitants attendus sur le continent en 2050. Cependant, la question du dividende démographique doit être remise en perspective en fonction des historicités et cosmogonies sociales, des rapports sociaux, des normes, des valeurs et des pratiques sociales et des croyances mystico-religieuses qui régissent les relations entre les hommes et les femmes au niveau des ménages, des familles et des communautés.

---

[20] RASA, *Numéro zéro. Un rapport pour l'Afrique par l'Afrique*, Dakar, Sénégal, juin 2018, 110 pages.

C'est dire que le besoin premier du Continent est une reprise en main de son destin, d'en être le penseur et l'acteur en sortant des schémas explicatifs et théoriques dans lesquels des conceptions européennes l'ont enchaîné. C'est le choix unique, nécessaire et préalable pour construire un devenir africain. Il s'agit d'audace et de risques à prendre *nolens volens*. Il est révolu le temps où des oukases de la pensée et du comportement venaient d'un ailleurs inconnu pour être tropicalisés et recyclés sur le continent noir. La preuve parfaite de l'échec de cette importation de recettes est la triste mise au pas économique de l'Afrique, dite « ajustement structurel », qui vira tragiquement en un « ajustement culturel ». Les conditionnalités assorties à ces politiques et qui accompagnent les soutiens du FMI et de la Banque mondiale sont perçues comme autant de conditionnements injustifiés destinés à maintenir une paupérisation des masses par un accroissement affolant de la dette.

L'air du temps est d'ailleurs à une recomposition des imaginaires au sens où l'entend Gilbert Durand, c'est-à-dire « comme l'incontournable re-présentation, la faculté de symbolisation d'où toutes les peurs, toutes les espérances et leurs fruits culturels jaillissent continûment depuis les quelques un million et demi d'années qu'homo erectus s'est dressé sur la Terre »[21], et donc des rapports et des valeurs qui dessinent un nouvel avenir commun de la planète. La compréhension du concept, de la structure et du fonctionnement de l'imaginaire implique l'introduction de trois définitions fondamentales : le signe, l'image et le symbole. Cet imaginaire comporte un dynamisme organisateur pour créer des utopies intégratrices.

En Afrique, une citoyenneté plus exigeante parce que plus lucide sur les objectifs de vie émerge avec véhémence et insistance. Aucun pouvoir ne

---

[21] G. Durand, *L'imaginaire, sciences et philosophie de l'image*, Paris, Hatier, 1994, p. 77.

peut plus être sourd aux revendications légitimes et stridentes d'une jeunesse délestée des complexes et des passifs des dépendances du passé. L'expression est parfois impertinente et déstructurée, mais la seule logique sous-jacente est le besoin irrépressible de se prendre en charge et de s'assumer à la face du monde avec nos limites, nos tares, nos vulnérabilités, mais surtout avec nos identités, nos valeurs, et notre jeunesse.

Il faut d'ailleurs relever que les modèles de développement qui fleurissaient à l'époque des indépendances africaines n'accordaient d'intérêt ni à la vie associative ni aux libertés publiques. La priorité était donnée à la construction de l'État et à la planification économique. Selon les termes de J. F. Bayart, l'État a « délibérément été construit contre la société civile, souvent sur un mode mimétique, plutôt qu'il ne s'est formé au gré d'échanges conflictuels et progressifs avec celle-ci »[22].

La raison était peut-être audible pour une époque où les espaces politiques étaient en phase de construction avec des priorités développementalistes, mais la persistance de cette organisation spoliatrice d'espaces d'expression se heurte à la volonté des populations d'échapper à leur « capture » par l'État et à tout encadrement conditionnel qui génèrent des refoulements, des douleurs et des vexations et couvent de la frustration et de l'effusion de rejet, une « négation de la négation » de toute figure assimilée à cette entreprise.

Il est évident que les ingrédients d'une transformation radicale du fait africain sont en présence, mais une méthode s'impose. Selon les initiateurs du rapport alternatif sur l'Afrique, il y a « un défi méthodologique, idéologique et stratégique » dont le point de départ serait d'« oser penser, oser parler, oser agir. Parler pour redonner confiance à nos sociétés

[22] Jean-François Bayart, « La revanche des sociétés africaines », *Politique Africaine*, n° 11, septembre 1983, pp. 95-127.

fragilisées par de longues périodes d'aliénation, penser pour les voies d'un vrai développement économique et social, et agir pour peser les décisions qui engagent le présent et l'avenir de nos sociétés »[23]. Il s'agit en somme d'une audace de s'affirmer pour conduire le changement de la société. À cet effet, « quand on regarde, sur la longue durée, les "grands changements sociétaux", on se rend compte qu'ils interviennent en premier lieu, et par contamination, dans la vie quotidienne et dans ce qu'il est convenu d'appeler l'imaginaire d'une société ».

Une analyse quantitative des phénomènes sociaux au niveau macroscopique devra dès lors laisser, pour un temps, place à une analyse d'autres phénomènes tels que les mœurs, les croyances, les représentations sociales, les pratiques quotidiennes, les rapports au corps, à la nature. À ce compte, l'Afrique est un puits sans fond dans lequel il est possible de puiser les éléments d'armature d'un substrat civilisationnel non pas strictement tourné vers un passé perdu ou difficilement réactualisable, mais surtout orienté vers un avenir à se construire.

---

[23] *Idem.*

On ne développe pas, on se développe

L'Afrique a perçu au cours des 18 dernières années 805 milliards de dollars d'aide publique au développement. Pour donner une valeur de comparaison, le Plan Marshall, qui a permis à l'Europe de se reconstruire après la Seconde Guerre mondiale, a représenté, de 1948 à 1952, un prêt américain de 173 milliards de dollars actuels.

En dépit de ces efforts, le nombre de personnes vivant dans la pauvreté (avec moins de 1,90 dollar par jour) a augmenté sur le continent africain. 75 % des personnes pauvres dans le monde vivent en Afrique ; en 1970, cette part était de 10 % et les prévisions de la Banque mondiale tablent sur 90 % en 2030. La croissance dans les pays pauvres ne décolle pas ; chômage et sous-emploi y sont monnaie courante, et la pauvreté s'accroît. Les pays dits « en développement » restent dépendants de la production manufacturière du Nord.

De nombreux griefs ont été formulés contre l'aide publique au développement. D'abord, elle serait un maternage et un assistanat permanent par versement d'argent facile qui n'encourage pas la prise d'initiatives et l'autonomie des États.

Une autre critique porte sur la mauvaise utilisation des fonds qui sont détournés par la corruption, ou encore investis dans des projets aussi gigantesques qu'inutiles : les fameux « éléphants blancs » qui symbolisent l'échec de certaines politiques industrielles.

L'aide économique est d'abord, historiquement, un vecteur d'intérêts politiques et stratégiques justifié par le besoin d'accélérer les investissements pour soutenir la croissance, et donc la nécessité d'apporter des financements additionnels par rapport à la capacité d'épargne existant dans les pays en développement. Seulement, le constat est que cette aide sert en première ligne les intérêts des donneurs plus que ceux des bénéficiaires, la définition de ces derniers étant rarement laissée à leur libre arbitre. De fortes interrogations s'élèvent alors sur l'efficacité de l'aide, sa sélectivité et ses modalités.

Il faut aussi relever qu'il s'est créé un « marché de l'aide » impliquant l'intervention de plusieurs acteurs aux intentions différentes qui se livrent une compétition délétère pour les économies africaines.

Une leçon doit être tirée de cet échec de l'aide. D'abord, sur le plan philosophique, il est clair que le développement d'un pays ne peut se réaliser sous la seule et massive intervention des facteurs exogènes ignorants des stratégies endogènes et des priorités du pays. Un développement endogène est un développement issu de la synthèse des richesses internes. Selon Colin, « le développement est considéré comme endogène si le mécanisme qui oriente les facteurs de l'intérieur et ceux de l'extérieur est contrôlé et réglé de l'intérieur. Si les facteurs internes et externes sont contrôlés de l'extérieur, il est interprété comme exogène »[24].

La notion de développement est en soi un concept fuyant et assez rétif à une entreprise définitionnelle. En effet, les milliers de régressions statistiques les plus abouties sur de larges échantillons ne parviennent pas à figer une régularité simple sur laquelle refonder une politique et une théorie

[24] Roland Colin (1988), « Interaction dynamique des acteurs et des facteurs dans une stratégie de développement endogène. Théories et pratiques », in UNESCO… 177-254.

du développement. On débouche sur une impasse des approches exclusivement macroscopiques. Ce constat n'est pas exclusif d'un « éventuel renouvellement de la théorie macro-économique utile au développement sur la base de l'intégration des imperfections, rigidités, inefficience des marchés, rationalité et anticipations limitées des agents, incertitude, régulation étatique, encastrement institutionnel… bref, d'un élargissement épistémologique substantiel ». Les occurrences circulaires sont inopérantes avec le fait social dans la mesure où pour mieux agir il faut certes comprendre ce qui est, mais pour concevoir ce que l'on souhaite faire advenir – et qui n'est jamais réductible à ce qui a marché par le passé –, il faut partir de soi-même, de ses propres réalités, de son caractère endogène propre. On doit opérer un basculement épistémologique sur notre approche.

À mon sens, la langue est le premier vecteur sur lequel il faut agir. Le présupposé qui voudrait que les langues africaines ne soient pas aptes à servir au développement des populations africaines est interminablement faux. Toutes les langues peuvent servir au développement. Les langues africaines ont porté l'émergence des civilisations les plus exceptionnelles de l'histoire humaine. En fait, l'exclusion des langues nationales des sphères institutionnelles de la vie constitue l'une des causes majeures du sous-développement du Continent. Cette exclusion est le révélateur de la non-émancipation culturelle du Continent, d'une trop grande dépendance des modèles culturels hérités de la colonisation. L'écrivain kényan Ngũgĩ wa Thiong'o[25], auteur du célèbre texte *Décoloniser l'esprit*, exhorte les écrivains africains à lutter contre l'aliénation à l'aide de leurs langues nationales.

---

[25] Ngũgĩ wa Thiong'o, né le 5 janvier 1938 à Kamiriithu (près de Nairobi), est un écrivain kényan de langue kikuyu et anglaise. Il est actuellement professeur et directeur de l'International Center for Writing & Translation à l'Université de Californie, à Irvine. (Wikipédia).

La sociolinguistique africaine offre le tableau d'une diversité et d'une variété assez marquées de langues vernaculaires qui n'est pas un obstacle pour peu qu'un travail de codification et de normalisation soit réalisé par des scientifiques. Normaliser une langue c'est, pour le dire simplement, la doter d'un standard, et la normalisation est un exercice de synthèse des dialectes existants. Du coup, l'idée sera de trouver une langue véhiculaire pour transcender les limites géolinguistiques de nos langues sans évincer les langues comme le français et l'anglais. Mais si certaines des actions sont proprement linguistiques et dépendent par conséquent de la prise de conscience et du travail des scientifiques de la langue, d'autres, en revanche, dépendent de la volonté politique et d'initiatives citoyennes. Claude Hagège écrit ce qui suit :

> « Il appartient à l'État de préserver ces langues, au lieu de contraindre leurs défenseurs les plus résolus, prenant à témoin l'opinion européenne, à demander l'arbitrage de Bruxelles. Car depuis que la fin des régimes communistes a ouvert la voie aux revendications locales, on est plus sensible que naguère, en Europe, à la nécessité de défendre les langues minoritaires [...]. La défense des langues nationales qui ne bénéficient pas d'un statut officiel au sein des États où vivent leurs usagers n'apparaît plus comme une démarche rétrograde. Elle est, par ailleurs, un acte de pure prudence dans les cas où l'inégalité des chances entre langue minoritaire et langue dominante met la paix en péril, comme cela s'est produit cette année même en Moldavie et risque de se produire encore non seulement dans les pays baltes, mentionnés plus haut, mais dans d'autres régions de l'ex-Union soviétique où vivent des minorités russophones. On objectera que cette partie du continent, puisqu'elle n'appartient pas, ou pas encore, à la

Communauté proprement dite, n'est pas un bon exemple. Mais ce qui s'y produit doit servir d'avertissement. »[26]

Le rôle de l'État est central dans cette réhabilitation des langues nationales en tant que langues de développement en appuyant leur intégration dans le système éducatif.

Il y a bien des personnes bien intentionnées qui excipent de la brusquerie d'une introduction trop hâtive des langues nationales dans le système éducatif, mais leur argumentaire cède devant une démarche planifiée par une introduction progressive des langues africaines, la conception de manuels, la formation des intervenants et l'alphabétisation de la population. Ces détracteurs ne se sont surtout pas aperçus que le français était une langue vernaculaire en France au moment où le latin y était une langue officielle. L'exemple des pays d'Asie du sud-est est aussi très éloquent sur le raccourci que l'utilisation d'une langue nationale leur a permis de faire. Une étude insiste sur le paradoxe indiquant que « malgré de nombreuses études qui montrent qu'il est sensé de commencer l'éducation scolaire de l'enfant dans sa langue, persiste dans les pays africains la vieille tradition qui consiste à les scolariser dans des langues qui leur sont étrangères ou à les instruire dans leurs langues maternelles seulement dans les classes les plus basses de l'école primaire »[27].

Cet entêtement compulsionnel est contre-productif dans la mesure où, poursuit l'auteur, « cette pratique a mené à un faible rendement scolaire, qui se manifeste par des taux élevés de redoublement ou d'échec, de piètres

---

[26] Claude Hagège, *Le souffle de la langue*, Paris, Odile Jacob, 1992, p. 110, p. 272, cité par Ozouf Sénamin Amedegnato, « Les langues africaines, clés du développement des États sub-sahariens », https://books.openedition.org/pub/42207 ?lang=fr

[27] Ayo Bamgbose, "Foreword", Birgit Brock-Utne, Ingse Skattum, *Languages and Education in Africa : a comparative and transdisciplinary analysis*, Oxford, UK, Symposium Book, 2009, p. 13. Traduction.

performances aux examens et dans le monde du travail. Il en résulte une marginalisation des langues africaines, sous-utilisées »[28]. L'effet obtenu est proprement incohérent et pour s'en convaincre l'auteur prend un exemple en ces termes :

> « Même les petits pays en Europe utilisent leurs langues comme langue d'instruction, quitte à ce que les enfants en apprennent d'autres comme l'anglais ou le français. Il ne s'agit nullement de simple fierté nationale ; c'est un véritable principe éducatif que d'aller du familier vers le nouveau »[29].

Boubacar Boris Diop, écrivain en langue wolof, essayiste, journaliste, dramaturge et professeur de littérature et de philosophie, déclare : « Ce qui manquait, c'était un corpus conséquent pour que cette littérature entre à l'université et qu'elle devienne un outil de réflexion et d'analyse ». Cet auteur est une illustration non seulement de la possibilité de concevoir une littérature en langue locale, mais aussi du fait que la valorisation du patrimoine local peut se réaliser avec succès sans se couper du monde.

En Afrique francophone, le développement économique post-colonial a postulé implicitement au départ que le développement économique ne pouvait se faire qu'en termes d'échanges internationaux et dans une langue « adaptée » qui « s'imposait d'elle-même » : le français (ce qui créait des marchés captifs, bien sûr). Du coup, les « langues locales » n'étaient envisagées que comme « langues et cultures traditionnelles » menacées par le développement économique et qu'il convenait éventuellement de « sauvegarder » pour des motifs patrimoniaux ou identitaires. Implicitement, langues et cultures « locales » étaient conçues comme étant à l'opposé du développement économique moderne. Cela était une fausse route. Un

---

[28] *Idem.*

[29] *Idem.*

bafouement du droit fondamental linguistique d'un peuple. La langue est un marqueur identitaire et un facteur de cohésion d'un groupe humain. Elle favorise les collaborations économiques. Par exemple, le choix du consommateur est fréquemment orienté vers des produits portant des noms dans leur langue et produits dans leur pays ou région. Les acteurs économiques sénégalais ne s'y sont pas trompés avec un *naming* local de leurs produits alimentaires, bancaires, immobiliers, téléphoniques, etc. Les publicités et les identités sonores se déclinent en langue locale. La langue est donc, à la manière de la monnaie, un moyen d'échanges économiques.

De Robillard montre que la langue est un facteur de production, un élément du Capital et du facteur travail. Mais ceci, de façon particulière, car :

- la langue est un savoir-faire qui relève des ressources humaines et non un bien ordinaire ;
- la langue fait partie du capital (humain), mais elle n'existe que par sa mise en œuvre au cours du travail – la langue est une ressource qui s'enrichit quand on s'en sert – ;
- la langue est en même temps un bien économique (objet d'échanges économiques) et un moyen de produire et de diffuser d'autres biens.[30]

Au total, les processus de développement dans leurs contextes socioculturels mettent en relief les interrelations multiples et complexes entre les différents facteurs, notamment ceux relevant des finalités du développement entre les perspectives nationales du développement et l'évolution de l'environnement international. Mais le développement, si on le décentre d'un modèle unique et indépassable, est multidimensionnel et plurivoque ;

---

[30] Didier de Robillard, « Vers une approche globale des rapports entre langue et économie », dans R. Chaudenson, D. de Robillard *et al.*, *Langues, économies et développement*, Paris, Didier-Erudition, 1989, t. 1.

il ne s'épuise pas dans la seule donnée. Il comporte des versants imbriqués liés à l'économie, la culture, l'éducation, la science et la technologie. En tout état de cause, le développement doit être capable de satisfaire les besoins élémentaires et les aspirations légitimes de l'homme.

Construire un modèle

Après avoir relevé que l'Afrique est prisonnière d'un prisme déformant de lecture qui voit qu'elle « est dépendante, négligée et assignée à une fonction de périphérie », le RASA formule une méthodologie d'action en ces termes : « Il faut pour l'Afrique penser, construire des alternatives, imaginer des modèles tout en assurant le progrès ». Il s'agit proprement de creuser les chemins du devenir africain par toutes les ressources volontaires et imaginantes du continent noir. Précisément, la marche africaine vers son futur doit se décentrer des canevas préétablis. Les pays africains doivent s'extirper d'un « mimétisme sociétal » qui les maintient « dans le mythe d'une marche linéaire de l'histoire et du progrès ». C'est dire que le progrès est pluriel et vouloir le lire au travers d'une donnée intangible déjà fournie par l'Occident est réducteur, mais surtout négateur de la singularité de chaque peuple qui définit son bonheur par ses propres projections. L'exemple d'une réussite n'est pas la seule réussite possible, même si toute réussite offre des éléments de méthodologie et d'action. Si l'histoire a un sens, ce seront des sens multiples de la même manière que les historicités le sont.

Construire un modèle africain transite donc par une déliaison des systématicités induites par cette sorte de condamnation à faire comme les autres. Il est question de ce point de vue de faire preuve d'originalité créatrice fondée sur l'ipséité du fait africain, sur sa culture, sa jeunesse, son histoire et les promesses de son futur dans la mesure où il n'existe pas de taxinomie du progrès, encore moins un passage obligé pour se développer.

D'ailleurs, cette notion de progrès pose des difficultés conceptuelles pour toute entreprise définitionnelle, mais pire, elle est « historiquement suspecte et même criminogène puisque c'est au nom de cette notion que des peuples ont été asservis »[31]. De plus, les travaux de Kuhn et de Feyerabend démontrent qu'il n'y a pas de critères objectifs et universels pour décider si le progrès existe ou non, tout au plus, il y aurait des indicateurs qui n'en mesurent pas tous les aspects. Le PIB, par exemple, qui est l'indicateur par excellence pour mesurer le développement économique, n'intègre que des éléments quantitatifs qui ne sont pas toujours pertinents pour analyser des niveaux de bien-être. Ce n'est pas dire que des indicateurs ne sont pas nécessaires, mais ils ne sont simplement pas suffisants à couvrir tout le spectre de réalité qui fixe le progrès, le bonheur ou le développement.

Relié au monde, le Sénégal ne peut pas faire abstraction de ce monde pour s'élever. Des inspirations sont indispensables. Le modèle chinois, à ce titre, est parlant. En effet, le Sénégal peut s'inspirer de l'exemple chinois et des pays asiatiques pour stimuler son développement dans plusieurs domaines clés.

Tout d'abord, le Sénégal peut bénéficier de l'expérience de la Chine en matière d'industrialisation et de développement des infrastructures. En attirant des investissements étrangers et en établissant des partenariats public-privé solides, le Sénégal peut développer son industrie manufacturière, son secteur agro-industriel et ses technologies de l'information et de la communication. Cela nécessitera également la construction d'infrastructures modernes, telles que des réseaux de transport efficaces et des installations énergétiques fiables.

De plus, le Sénégal peut suivre l'exemple des pays asiatiques en investissant davantage dans l'éducation et la formation de sa population. En

---

[31] RASA/AROA, *Un Rapport pour l'Afrique et par l'Afrique*, numéro zéro, 2018, p. 102.

améliorant la qualité de l'enseignement et en favorisant l'accès à l'éducation pour tous, y compris pour les filles et les populations rurales, le Sénégal peut développer son capital humain. En encourageant la recherche et le développement, en créant des institutions de recherche de classe mondiale et en favorisant la collaboration internationale, le Sénégal peut favoriser l'innovation et la productivité.

Enfin, le Sénégal peut promouvoir l'entrepreneuriat et l'innovation, en prenant exemple sur les pays asiatiques. En créant un environnement favorable aux affaires, en simplifiant les procédures administratives et en offrant des incitations fiscales, le Sénégal peut encourager l'émergence de nouvelles entreprises et de start-up innovantes. Il est également essentiel de soutenir les petites et moyennes entreprises, qui sont souvent des moteurs de croissance économique.

En définitive, en s'inspirant de l'expérience chinoise et des pays asiatiques, le Sénégal peut développer son économie et améliorer la qualité de vie de sa population. En investissant dans l'industrialisation et les infrastructures, en développant le capital humain et en favorisant l'entrepreneuriat et l'innovation, le Sénégal peut progresser sur la voie du développement durable et inclusif.

La Chine a réussi à intégrer harmonieusement ses valeurs et traditions dans son développement, ce qui peut être une source d'inspiration pour le Sénégal. Elle a su préserver et promouvoir sa riche histoire culturelle tout en embrassant la modernité. La Chine a valorisé ses traditions, notamment en promouvant la philosophie confucéenne qui prône des valeurs telles que le respect des aînés, l'harmonie sociale et le sens des responsabilités. Ces valeurs ont été intégrées dans les politiques de développement, contribuant ainsi à la cohésion sociale et à la stabilité.

La Chine a également pris en compte les spécificités locales dans son processus de développement. Elle a encouragé la valorisation des cultures et des traditions locales, favorisant ainsi la diversité culturelle et la fierté nationale. Cette approche a permis de renforcer l'identité nationale tout en stimulant le développement économique et social, en accordant une importance particulière aux régions rurales et moins développées.

La promotion de l'éducation et de la recherche culturelle a été une autre composante essentielle de l'intégration des valeurs et traditions chinoises dans le développement. La Chine a investi dans des institutions d'enseignement supérieur et de recherche dédiées aux études culturelles et historiques, contribuant ainsi à la transmission des connaissances et à la préservation de son identité culturelle.

En outre, la Chine a réussi à combiner tradition et technologie en intégrant des éléments culturels dans le développement des industries créatives et des nouvelles technologies. Elle a exploité son riche patrimoine artistique et artisanal pour développer des secteurs tels que le tourisme, le cinéma et les industries culturelles, montrant ainsi qu'il est possible de fusionner tradition et innovation.

Ces exemples démontrent comment la Chine a réussi à intégrer ses valeurs et traditions dans son développement. Le Sénégal peut s'en inspirer en mettant l'accent sur la préservation du patrimoine culturel, la promotion de l'éducation et de la recherche culturelle, ainsi que sur la fusion entre tradition et innovation. Cela permettrait de renforcer l'identité culturelle du Sénégal tout en poursuivant son développement économique et social, créant ainsi un sentiment de fierté nationale et renforçant la cohésion sociale, des éléments essentiels pour un développement durable et inclusif.

DEUXIÈME PARTIE

AUTONOMIE STRATÉGIQUE

De quoi parle-t-on ?

La crise économique et politique au niveau mondial met tout de suite en lumière les dépendances qui sont autant de fragilités pour le Sénégal et pose avec acuité la question de l'autonomie stratégique du pays. Si l'expression est originellement associée à la défense, elle recouvre maintenant d'autres domaines liés à l'économie et aux nouvelles technologies, à l'énergie, à l'alimentaire et à la santé. L'ensemble des secteurs, dont les chaînes d'approvisionnement vont au-delà des frontières et impliquent donc une vulnérabilité lorsqu'elles sont perturbées, a un lien avec l'autonomie stratégique.

Les enjeux de l'autonomie stratégique ne se limitent pas à la sécurité et à la défense. Ils concernent un large éventail de secteurs, comme le commerce, la finance et l'investissement. Cette notion un peu grandiloquente est d'une certaine manière une reformulation du développement endogène et plus prosaïquement, l'adage dit qu'on ne peut compter que sur soi-même pour se développer. Si la complexité des défis et le caractère volatil des conjonctures imposent une reconfiguration pour tous les acteurs de la scène internationale, il n'en demeure pas moins que l'Afrique dispose d'atouts majeurs à faire valoir dans la nouvelle reconfiguration mondiale qui dépolarise les vecteurs de richesses vers d'autres centres. Parce que l'autonomie dans un nouveau monde n'est concevable qu'en marche concertée, « le défaut de cohérence et de coordination dans le discours et l'action des États africains, aussi bien à l'intérieur qu'à l'extérieur du continent, les contraint à des résultats relativement faibles en interne et à moins d'influence sur l'échiquier international »[32].

La covid-19, véritable surprise stratégique, a été un révélateur du dénuement des pays sur certains aspects centraux dans la vie des nations qui doivent réintégrer ces aspects *nolens volens* dans la définition de leur souveraineté pour devenir les acteurs principaux de la prévention des périls qui les guettent, parce que les alliances traditionnelles protègent avec moins de certitudes et varient selon les circonstances et les intérêts du moment. Son Excellence Monsieur Macky Sall, Président de la République du Sénégal, a constaté en ouverture de la 7e édition du Forum International de Dakar sur la paix et sécurité en Afrique, dont le thème cette année était les enjeux de stabilité et d'émergence en Afrique dans un monde post Covid-19 : « Il nous faut faire face aux effets néfastes d'une double crise sanitaire et économique. Double crise à laquelle s'ajoutent pour l'Afrique la vulnérabilité particulière au changement climatique, l'intensification des attaques terroristes et la recrudescence des coups d'État ». Les enjeux sont clairs, ils sont sécuritaires et environnementaux.

Sur le plan sécuritaire, il faut noter que la question de la défense est aux origines de l'autonomie stratégique et les remous à notre périphérie immédiate sont un rappel constant de la nécessité pour nous d'organiser les conditions sécuritaires d'une vie paisible. La sécurité est une action à double détente qui se joue dans le même temps, autant sur le plan national que sous-régional.

Le Sénégal s'insère dans un ensemble sahélo-saharien, terrain de prédilection des groupes terroristes par son immensité et ses potentialités.

---

[32] M. Abdelkhalek El Bikam, M. Oumar Kourouma, Mme Zita Afang Ndong, *Union africaine : quelles options d'autonomie stratégique possibles ?*, https://www.policycenter.ma.

Le terrorisme est la préoccupation sécuritaire majeure par ces temps qui courent dans la région subsaharienne. Il « est un enjeu crucial » en ce qu'il « utilise la faiblesse des contrôles aux frontières et des capacités policières, ce qui lui permet de mener des attaques contre des intérêts occidentaux en Afrique ou dans d'autres régions. Les personnels de sécurité sont mal payés et mal équipés, mais font, malgré leurs maigres moyens, un travail remarquable. Toutefois, la triste réalité fait que ces faiblesses les rendent facilement corruptibles »[33].

Le contrôle des frontières est le principal point de faiblesse dans la mise en place d'un dispositif efficace de lutte contre la criminalité sous-régionale. La plupart des États africains n'ont tout simplement pas les moyens de garantir le contrôle de leurs frontières et de leurs vastes territoires. Cette faille sécuritaire est d'ailleurs le meilleur allié du trafic illicite de drogue.

Étant donné les préoccupations concurrentes et les moyens limités dont disposent les gouvernements africains, les promesses s'amoncellent, mais les résultats demeurent modestes. La paix et la sécurité ne découlent pas de l'absence de guerres ou de conflits armés. D'autres menaces à la paix et à la sécurité trouvent leur source dans l'instabilité sur les plans économique, sanitaire, social, écologique et humanitaire.

L'impact de la démographie et du changement climatique est devenu avec fracas un enjeu stratégique majeur notamment dans la formulation de réponses pertinentes à la question de la lutte contre le réchauffement climatique, principal accélérateur des migrations intra africaines.

Avec le recul, l'Occident semble avoir commis une erreur stratégique majeure en Afrique, erreur qui continue de nous hanter aujourd'hui. Nous nous sommes contentés de définir la sécurité en vertu des alliances

---

[33] Johnnie Carson, « Défi s sécuritaires transnationaux en Afrique », *Revue internationale et stratégique 2010/3 (n°79),* IRIS éditions, p. 24.

éphémères de la Guerre froide, et ce faisant, nous avons ignoré les dynamiques politiques et économiques qui, in fine, jouaient contre nous. Nous avons fourni à nos clients de la Guerre froide, comme le Liberia, la Somalie et le Zaïre, une aide militaire, tout en fermant les yeux sur la corruption, l'autoritarisme et la mauvaise gouvernance qui ont rongé ces pays de l'intérieur et les ont conduits à la chute. À l'époque, notre approche a pu paraître pertinente, mais c'était en fait une vision à court terme et finalement intenable. Vingt ans après la fin de la Guerre froide, nous consacrons encore une part importante de notre temps et de notre énergie à lutter contre ses retombées.[34]

[34] Johnnie Carson, « Défis sécuritaires transnationaux en Afrique », in *Revue internationale et stratégique*, n° 79, 2010/3, pages 20 à 29.

SÉCURITÉ ALIMENTAIRE

La sécurité alimentaire, fondamentale pour la survie et le développement de tout groupe humain, se retrouve à la croisée de plusieurs enjeux majeurs du XXIe siècle : démographie, ressources naturelles, climat, développement socio-économique et paix sociale.

L'Afrique est confrontée à des défis majeurs en matière de sécurité alimentaire. Le continent abrite près de 30 % des personnes sous-alimentées dans le monde. Cette situation est exacerbée par une croissance démographique rapide, l'érosion des sols, le changement climatique et les conflits politiques et économiques.

L'Afrique subsaharienne devra nourrir ses 2 milliards d'habitants à l'horizon 2050. Selon une étude du Centre de coopération internationale en recherche agronomique pour le développement (CIRAD) pour la Fondation pour l'agriculture et la ruralité dans le monde (FARM), la demande de produits alimentaires va être multipliée par 2,6 à l'horizon 2050 en Afrique subsaharienne. Les experts établissent qu'en Afrique subsaharienne, 24 % des céréales consommées localement en 2014-2016 étaient importées et cette proportion devrait passer à 27 % au cours de la période de projection, de 2017 à 2026. Cette dépendance, contrairement aux clichés qui ont la vie dure, est relativement modeste. Mais si les importations restent faibles, c'est en grande partie à cause de la prévalence de la pauvreté, qui limite la consommation des ménages. Une question posée par Jean-Christophe Debar, consultant FARM, est particulièrement lancinante : « Qu'en sera-t-il demain, avec l'explosion de la demande liée à la croissance démographique, l'impact négatif du changement climatique sur les rendements, la nécessité de préserver savanes et forêts pour atténuer ce changement et protéger la biodiversité : l'Afrique ne devra-t-elle pas compter davantage sur les marchés mondiaux pour manger à sa faim »[35], et ainsi accroître sa dépendance alimentaire ? Un accroissement de la dépendance aux importations n'est certainement pas la solution idoine. Il faudra mettre en place rapidement des politiques agricoles volontaristes. Mais l'agriculture ne sera pas pour autant autosuffisante. Si l'Afrique voulait y parvenir, il faudrait pour cela que la productivité agricole fasse plus que tripler, ou que l'espace cultivé augmente de 80 %. Il faudrait aussi que le nombre d'actifs agricoles n'augmente que de 20 %.

Avec son cortège de hausses de prix vertigineuses pour l'alimentation et le carburant, les effets de la guerre en Ukraine se sont déjà diffusés de manière pernicieuse sur le continent africain, révélant une fragilité nouvelle à endiguer.

[35] Jean-Christophe Debar, consultant FARM, « La dépendance alimentaire de l'Afrique : entre inquiétude et alarmisme », https://www.fondation-farm.org/zoe.php?s=blogfarm&w=wt&idt=4013

Le foncier

Deux régimes fonciers coexistent au Sénégal pour administrer le droit de propriété : le régime de l'immatriculation et celui du domaine national. Le principe est schématiquement que le régime de l'immatriculation recouvre toutes les terres, situées aussi bien en milieu urbain qu'en milieu rural, qui ont fait l'objet d'une immatriculation au nom de personnes – physiques ou morales. Le régime du domaine national s'applique quant à lui sur des terres aussi bien urbaines que rurales, qui ne font pas l'objet d'une immatriculation et qui relevaient jusque-là du régime du droit coutumier. Ce régime résulte de la réforme foncière intervenue en 1964 suite aux conclusions de l'étude faite sur le régime coutumier ; une très sérieuse piste juridique qui vise à intégrer des mécanismes ayant pour objectif l'instauration de « l'équivalent d'une propriété commerciale dans les zones non urbaines » à travers un fonds agrosylvopastoral. Il s'agit d'une disjonction entre la propriété foncière et l'activité qui s'y exerce, une sorte de fonds de commerce du paysan correspondant à l'ensemble d'éléments corporels et incorporels (affectés à l'exploitation d'une activité agricole). Il n'est pas une simple juxtaposition des éléments qui la composent, mais une universalité qui subsistera malgré le changement des éléments qui la composent. Par ce fonds, l'agriculteur, par les terres dont il est simple affectataire et sur lesquelles il ne peut réaliser presque aucune opération juridique, pourra procéder à un nantissement, à une location-gérance, une cession, en somme, à toutes les opérations juridiques de la vie économique.

L'agriculteur devient un acteur économique à part entière et n'est plus seulement un exploitant sans possibilité de fournir une sûreté en contrepartie d'un financement. Rappelons à cet égard que c'est justement pour développer ses PME que la France a forgé la notion de fonds de commerce. Selon le professeur Abdoulaye Sakho, ce « concept de fonds agrosylvopastoral pourrait contribuer à une amélioration considérable de la situation des acteurs du monde rural. Il pourrait l'élever au rang de composante majeure du commerce mondial par la qualité de la production rurale. Certains des problèmes récurrents que vivait ce monde pourraient à terme être éradiqués ou amoindris ».

Cette institution juridique peut parfaitement convenir à des populations en zone rurale qui tiennent de petites parcelles de terre qui ne permettent de déboucher ni sur des économies d'échelle, ni sur une maîtrise des chaînes de valeur, toutes choses qui inciteraient un investissement privé dans les infrastructures nécessaires à la modernisation de leurs exploitations. Il s'agit d'un véritable actif qui peut figurer sur un bilan et ainsi contribuer à faire de l'agriculteur un incontestable entrepreneur rural. En effet, afin de favoriser la diversification économique et la création d'emplois en milieu rural, une fine articulation de trois composantes minimales doit s'opérer : la création de services d'appui aux entreprises, le développement d'infrastructures de transformation des produits agricoles de base, la création d'un environnement propice aux affaires et la coordination et gestion du projet.

Ce fonds devra tout de même s'insérer dans une organisation complétée, d'une part, par un type sociétaire adapté à une population pas forcément alphabétisée, avec des règles de comptabilité allégées qui permettraient « un regroupement judicieux et intelligent des principales activités économiques d'un terroir ; en soumettant ce regroupement à la gestion d'une structure de gestion "ad hoc" ou calquée sur les Maisons Familiales Rurales qui ont malheureusement disparu, ou sur un modèle à créer ; en permettant une forme d'appropriation du sol (le foncier) grâce à son introduction et sa comptabilisation comme élément essentiel du fonds de la même manière que la marque et la clientèle sont essentielles au fonds de commerce ; en permettant des opérations de cession et de garantie (nantissement) sur le fonds ; en permettant des opérations de coopération entre fonds agrosylvo-pastoral de terroirs différents en ouvrant les voies du financement bancaire aux opérateurs économiques du monde rural ; en permettant d'envisager l'exercice de droits de succession sur le fonds agrosylvopastoral[36] » ; d'autre part, par une autorité chargée de contrôler les mutations, et éventuellement d'avoir un droit de préemption sur les transactions, afin de se porter en lieu et place d'un nouvel acquéreur, afin de redistribuer les terres, en tout ou en partie, aux agriculteurs qui en ont le plus besoin.

Une autre piste portée par l'économiste Abdourahmane Sarr serait d'initier une réforme foncière qui donnerait des droits de propriété par surface minimale de terres arables (par unités d'un hectare, par exemple) aux populations rurales. Ainsi, selon l'économiste, la configuration serait la suivante : « Dans chaque collectivité locale serait ainsi déterminé un aménagement du territoire y compris sur les surfaces de terres arables exploitées ou non exploitées qui seraient mutualisées ou agrégées en de grandes surfaces indivisibles à mettre à la disposition de grands groupes privés. En renonçant à l'exploitation directe de leurs petites parcelles, les paysans pourraient recevoir de l'État un revenu minimum garanti (RMG) par unité de terre, une sorte de loyer qui serait versé par des groupes privés usufruitiers qui pourront ainsi profiter de terres agrégées et indivisibles de taille raisonnable. Le montant du RMG pourrait être déterminé de façon

---

36 https://www.impact.sn/UNE-PISTE-JURIDIQUE-POUR-REGLER-LA-QUESTION-DU-FONCIER-Prof-Abdoulaye-Sakho_a21248.html

modulable selon le coût de la vie dans chaque collectivité locale et les rendements potentiels des terres concernées »[37].

Dans une démarche visant à moderniser et rationaliser le secteur agricole, l'idée proposée est de transitionner d'un modèle composé de multiples petites parcelles cultivées par des agriculteurs individuels vers de vastes étendues de terre gérées par des entreprises privées. En fusionnant leurs terres, les agriculteurs pourraient bénéficier d'économies d'échelle, rendant l'exploitation plus efficiente et rentable. Ces grandes parcelles seraient ensuite confiées à des groupes privés, dotés de capital et d'expertise, capables d'optimiser la productivité en utilisant des technologies avancées et des pratiques de gestion modernes.

L'idée est que ce RMG ne soit pas seulement une aide financière, mais qu'il serve également à améliorer la vie des gens à long terme. En ayant cette sécurité financière, les agriculteurs pourraient investir dans des cultures qui rapportent plus d'argent, soit seuls soit en collaborant avec d'autres agriculteurs. Ce regroupement permettrait à chacun de profiter des avantages financiers tout en contribuant à la communauté.

Une participation fiscale induite par le RMG serait un incitatif pour un engagement civique accru, dotant les bénéficiaires d'un sentiment de propriété et de responsabilité dans la gestion des affaires publiques. Ce mécanisme autorégulateur pourrait catalyser une meilleure allocation des ressources au niveau local, contribuant à un cycle vertueux de gouvernance et de développement communautaire. Le modèle encourage également une diversification économique par le biais de l'investissement dans des pratiques agricoles innovantes et durables, non seulement par les entités privées mais aussi par les agriculteurs eux-mêmes. Cette symbiose

[37] Dr Abdourahmane Sarr, https://www.libe.ma/Un-revenu-minimum-garanti-pour-une-revolution-agricole-africaine_a80758.html.

entre investissement privé et public peut entraîner une adoption plus rapide de pratiques agricoles respectueuses de l'environnement, augmentant ainsi la durabilité écologique sans sacrifier la rentabilité économique.

Des exemples similaires ont en commun la volonté d'offrir un certain niveau de sécurité financière aux agriculteurs ou aux populations rurales, tout en essayant souvent de conditionner ces paiements à certaines pratiques souhaitables, que ce soit en matière de durabilité, d'emploi ou de gestion des ressources. Leur succès varie mais ils offrent des données empiriques précieuses sur les avantages et les défis de la mise en œuvre de programmes de soutien du revenu dans le secteur agricole.

Il existe à travers le monde plusieurs programmes liés au soutien du revenu des agriculteurs qui pourraient servir de points de références utiles. On peut citer les exemples suivants :

1. Le Programme de Paiements Directs aux Agriculteurs de l'Union européenne. Ce programme vise à offrir un certain niveau de sécurité financière aux agriculteurs européens. Il comporte également des mesures incitatives pour encourager des pratiques agricoles durables.

2. Le Mahatma Gandhi National Rural Employment Guarantee Act (MGNREGA) en Inde. Bien que non spécifique aux agriculteurs, ce programme offre un revenu minimum garanti aux populations rurales sous forme de travail, souvent lié à des projets agricoles ou d'infrastructures rurales.

3. Le Fair Trade Movement. En garantissant un prix minimum pour certaines récoltes, ce mouvement international vise à assurer un niveau de revenu minimum aux petits agriculteurs, tout en encourageant des pratiques agricoles durables.

4. Les Subventions et Crédits Agricoles dans divers pays. Des subventions directes aux agriculteurs sont couramment utilisées dans de nombreux pays pour stabiliser les revenus et encourager la production alimentaire.

5. Le programme Procampo au Mexique. Ce programme offre un soutien financier aux agriculteurs mexicains, tout en les encourageant à adopter des pratiques agricoles plus durables.

Il faut relever que la complexité inhérente à un programme de RMG conditionné et régionalisé rend nécessaire une architecture institutionnelle multidisciplinaire pour assurer son efficacité et sa durabilité. Seule une synergie entre diverses entités peut garantir une gestion efficace et équitable du système, en assurant la conformité, en encourageant l'innovation et en permettant une évaluation rigoureuse des résultats. Il s'agirait d'un écosystème complexe d'entités et de mécanismes conçus pour superviser l'allocation, la distribution et le suivi des fonds, ainsi que pour évaluer l'impact socio-économique du programme. À titre illustratif une architecture comportant les entités suivantes pourrait être mise en place :

- Comités de Gestion des Fonds

Une institution essentielle serait un Comité spécifique de Gestion des Fonds, doté d'une capacité d'expertise dans les domaines de l'économie agricole, de la politique sociale et de la gestion des risques. Ce comité serait responsable de la détermination des critères d'éligibilité, de la fixation du montant du RMG et de la révision périodique de ces paramètres.

- Autorités de Régulation et de Conformité

Des autorités de régulation seraient nécessaires pour surveiller la conformité aux exigences du programme, telles que l'utilisation des fonds pour des investissements agricoles appropriés et le respect des obligations en matière d'éducation et de santé. Ces entités pourraient également être responsables de l'imposition des sanctions en cas de non-conformité.

- Agences d'Évaluation et de Recherche

L'intégration d'agences académiques et de centres de recherches serait cruciale pour évaluer l'efficacité du programme. Des études empiriques, des enquêtes et des analyses de données seraient menées régulièrement pour évaluer les retombées socio-économiques du RMG et ajuster le programme en conséquence.

- Système d'Information Intégré

Un système informatique avancé serait indispensable pour la gestion des données, y compris les bases de données des bénéficiaires, les transactions financières et les rapports d'évaluation. La technologie de la chaîne de blocs pourrait être explorée comme une solution potentielle pour assurer la transparence et l'auditabilité des transactions financières.

- Conseils Locaux et Coopératives

Au niveau local, des conseils agricoles ou des coopératives pourraient jouer un rôle clé dans la gestion quotidienne du RMG, offrant une plateforme pour l'éducation des agriculteurs, le partage des meilleures pratiques et la gestion collective des ressources.

- Ministères et organismes gouvernementaux

Les ministères de l'Agriculture, des Finances, de l'Éducation et de la Santé devraient être étroitement impliqués pour garantir que le RMG est aligné avec les objectifs nationaux en matière de développement durable, d'éducation et de santé publique.

LE DÉFI AGRICOLE

L'alimentation constitue une condition essentielle de la vie des populations et de la stabilité de la planète, et la sécurité alimentaire est indispensable au développement individuel et collectif. Elle repose sur la plus vieille des activités sédentaires humaines : l'agriculture, qui au fil des siècles transcende toutes les disciplines ou presque. L'insécurité agricole et alimentaire peut générer des troubles sociaux et rendre vulnérables des individus, les forçant à se déplacer et parfois à venir amplifier des mouvements migratoires ou contestataires susceptibles de déboucher sur une crise politique, voire sur un conflit armé.

L'agriculture occupe plus de 60 % de la population active du Sénégal ; ce qui en faisait ainsi le secteur principal sur lequel repose l'économie sénégalaise. Selon l'APIX, « l'agriculture constitue le pilier fondamental de la politique de développement du Sénégal qui réunit toutes les conditions favorables à l'essor d'une agriculture compétitive assurant la sécurité alimentaire et d'importants flux d'exportations vers des marchés de haute valeur ». Le Sénégal présente donc un tableau favorable pour une agriculture pouvant lui assurer une souveraineté alimentaire, secteur important dans son autonomie stratégique, notamment face à la croissance démographique et à l'urbanisation grandissante, mais force est de constater que l'agriculture sénégalaise n'a pas encore atteint un niveau de performance suffisant pour de tels objectifs. La conjonction des deux phénomènes a certainement contribué à un tel résultat : les systèmes agricoles traditionnels et coloniaux ainsi que les politiques, mal paramétrées dans leurs finalités et objectifs, mises en œuvre depuis l'indépendance pour sortir d'une agriculture céréalière déficitaire et de la monoculture d'exportation de l'arachide. En sorte que, sur le plan analytique et conceptuel, le modèle doit être repensé pour partie dans la perspective de défaire les nœuds qui enserrent l'agriculture dans des carcans qui, plus que de viser la performance, gèrent une sorte de stabilité sociale. Selon Amadou Ndiaye[38], un modèle systémique sociopolitique et économique de l'agriculture doit être conçu en arrière-plan d'une politique agricole nouvelle. Ce sera une conjugaison entre trois systèmes : « paysannal », « agricultural » et « et agro-industriel ».

Le défi de l'agriculture, pour être relevé, doit donc transiter par le gommage des facteurs limitant son développement : qualité des semences, sélection animale, maîtrise du foncier et de l'eau. D'ailleurs, l'agriculture sénégalaise est le portrait d'un paradoxe effarant. En effet, selon l'économiste Ousseynou Ndoye, « le Sénégal dispose de vastes superficies de terres arables, mais les stratégies développées jusqu'à présent n'ont pas encore permis d'atteindre l'autosuffisance alimentaire »[39]. Cette incohérence entre le potentiel naturel et les bénéfices économiques chercherait son explication dans l'effet conjugué de plusieurs facteurs qui seraient :

> « (i) la prédominance des petits agriculteurs sans moyens financiers substantiels qui forment l'ossature de l'agriculture familiale ; (ii) la faible utilisation des semences certifiées qui ne permet pas d'accroître les rendements agricoles de manière significative ; (iii) la modernisation

---

[38] Amadou Ndiaye, *L'agriculture sénégalaise de 1958 à 2012*, Dakar, L'Harmattan Sénégal, 2013.

[39] Ousseynou Ndoye, *Enjeux du foncier rural au Sénégal : quelle approche pour un développement économique durable ?*, CRES, Série de documents de recherches, 2020/05.

> insuffisante des technologies agricoles utilisées par les petits exploitants malgré les efforts déployés par les pouvoirs publics ; (iv) la faible implication des femmes et des jeunes dans les activités agricoles ; (v) l'augmentation des importations alimentaires qui nécessitent des sorties de devises importantes »[40].

Pour autant, l'agriculture au Sénégal, pour réaliser les attentes du pays, doit non seulement faire face à plusieurs défis, mais aussi opérer des réformes importantes.

Au titre des défis, on note une pression croissante sur l'eau productive. À l'échelle de la planète, « la consommation d'eau douce pour l'agriculture représente plus de 70 % de la consommation des réserves d'eau ». Le Sénégal culmine à 93 % de prélèvements à des fins agricoles avec une tendance haussière de l'ordre de 14 % à l'horizon 2030. Cette pression se conjugue avec un phénomène de salinisation qui touche pratiquement toutes les régions, en particulier les bassins des fleuves Casamance, Gambie, Sine Saloum, et le delta du fleuve Sénégal. Ainsi, près d'un million d'hectares seraient affectés par la salinisation et l'acidification, qui sont des impacts négatifs des changements climatiques et des sources de perturbations économiques et écologiques par une dégradation des conditions de vie des populations. Ce phénomène délétère « a pris des allures d'une véritable catastrophe écologique par une forte extension des espaces dénudés, sursalés, hyper-acidifiés et impropres à la culture ou "tannes vives". Il s'en est suivi une décadence drastique de la mangrove et de la palmeraie, notamment en Casamance et dans le sud du Sine Saloum. Cette dégradation de l'écosystème côtier a aussi pour conséquences le manque de terres cultivables, la chute importante de la production agricole, l'aggravation de

[40] *Ibid.*

la pauvreté, la disparition des villages et la migration vers les villes ou à l'étranger »[41].

Les contraintes hydriques de plus en plus importantes font drastiquement baisser la production agricole et les réserves d'eau superficielles et souterraines. Une concurrence accrue d'autres utilisateurs extérieurs au secteur agricole, du fait notamment de l'expansion de la population urbaine, va exacerber le stress hydrique. Ces problèmes d'eau devraient avoir des conséquences importantes pour l'agriculture en raison de sa très grande dépendance à l'eau, car ils pèseront sur la productivité des cultures pluviales et irriguées et des activités d'élevage, particulièrement en Afrique subsaharienne. Une situation qui va immanquablement générer des risques au point que l'OCDE parle de « futurs foyers de risques liés à l'eau » qui auront un impact sur le marché, le commerce, la production et la sécurité alimentaire.[42]

De nombreux leviers d'intervention sont envisageables pour doter l'agriculture d'une politique pertinente en vue d'atteindre l'objectif combiné de la souveraineté alimentaire, de l'autosuffisance alimentaire et de la sécurité alimentaire. Un toilettage de la loi agro-sylvopastorale est, nous semble-t-il, un préalable nécessaire à toute action. Cette loi poursuit le but de la sécurité alimentaire en la plaçant comme préalable nécessaire pour créer les conditions d'une croissance économique durable et en couvrant l'ensemble des activités économiques rurales. L'État y organise son retrait progressif par un recentrage de ses missions sur des fonctions régaliennes. L'article 6 de cette loi dévoile toute son ambition en disposant :

---

[41] Institut sénégalais de Recherches agricoles/Centre national de Recherches forestières, *Rapport final du Projet Partenariat multi-acteurs pour l'adaptation des populations vulnérables à la salinisation des sols induite par les changements climatiques au Sénégal* (18 mars 2009 – 31 mars 2012).

[42] OCDE, Water Risk Hotspots for Agriculture, 5 sept. 2017, 196 pages.

Les objectifs spécifiques de la politique de développement agro-sylvo-pastoral sont :

1. La réduction de l'impact des risques climatiques, économiques, environnementaux et sanitaires, par la maîtrise de l'eau, la diversification des productions, la formation des ruraux, afin d'améliorer la sécurité alimentaire de la population, et de réaliser à terme la souveraineté alimentaire du pays ;

2. L'amélioration des revenus et du niveau de vie des populations rurales, et la mise en place d'un régime de protection sociale en leur faveur ;

3. L'amélioration du cadre et des conditions de vie en milieu rural, notamment par l'accès aux infrastructures et aux services publics, grâce à un aménagement équilibré et cohérent du territoire ;

4. La protection de l'environnement et la gestion durable des ressources naturelles notamment par la connaissance et l'amélioration de la fertilité des sols ;

5. La mise en place d'un système d'incitations à l'investissement privé dans l'agriculture et en milieu rural ;

6. L'amélioration de l'environnement et de la qualité de la production afin que l'agriculture soit un moteur du développement industriel et artisanal, et pour mieux satisfaire aux besoins des marchés intérieur et extérieur (sous régional et international).

Elle est donc au service de fins qui parfois sonnent comme des slogans presque incantatoires tellement ils ont été ressassés et claironnés par tous les gouvernements. Il faut changer de point d'équilibre et ainsi contribuer à la réduction des inégalités entre les populations rurales et urbaines et à l'éradication de la pauvreté.

Un Revenu Minimum Garanti (RMG) en milieu rural pourrait déclencher une révolution agricole au Sénégal, comme le préconise l'économiste Abdourahmane Sarr. Par son biais, l'application de valeurs libérales dans la mise en œuvre de cette loi, notamment de liberté de choix et de responsabilité de cultiver ou non la terre qui appartient au paysan, pourrait permettre d'atteindre ses objectifs qui sont essentiellement de réduire la pauvreté en milieu rural, garantir la sécurité alimentaire et développer l'investissement privé dans l'agriculture[43].

Il reste cependant que la réussite de toute politique agricole est tributaire d'actions massives sur des leviers opérationnels qui concourent à garantir une sécurité alimentaire aux populations rurales, à améliorer leur accès à des services sociaux, et à développer l'investissement privé dans l'agriculture.

L'agriculture joue donc un rôle important dans la vie socio-économique du Sénégal, contribuant à hauteur de 10 à 13 % au Produit Intérieur Brut (PIB). Le secteur agricole emploie plus de 65 % de la population rurale active et fournit des revenus à 95 % des ménages ruraux. Cependant, l'agriculture a été gravement perturbée par le changement climatique, les périodes de sécheresse se poursuivant et interrompant souvent les longues saisons des pluies. Augmenter et diversifier la production est donc indispensable pour lutter contre ces catastrophes climatiques. Ces objectifs permettront d'améliorer la couverture de la demande intérieure et les revenus des producteurs et de réduire la pauvreté. La recherche joue donc un rôle de premier plan dans l'introduction d'innovations, de technologies et d'outils d'aide à la décision pour promouvoir une agriculture productive, compétitive, durable et créatrice d'emplois, notamment pour les jeunes. En effet, les marges de progrès dans les domaines de l'agriculture, de l'élevage, de la pêche et de l'agroforesterie ne peuvent être utilisées efficacement sans une forte implication de la recherche. La recherche doit répondre en transférant et en adoptant efficacement ses résultats.

---

43 Cf. au large développement qu'on a fait plus haut sur le RMG, pp. 81-85.

Le développement des chaînes de valeur agricoles au Sénégal peut jouer un rôle crucial pour augmenter la productivité agricole, améliorer la sécurité alimentaire, et stimuler le développement économique. Voici quelques pistes qui pourraient être considérées pour atteindre ces objectifs.

- **Amélioration de l'accès aux intrants et à la technologie**

Il est crucial de faciliter l'accès aux semences améliorées, aux engrais, aux pesticides et à l'eau pour l'irrigation. Cela pourrait être réalisé en soutenant les institutions financières locales pour qu'elles offrent des produits financiers adaptés aux agriculteurs. De plus, le gouvernement et les organisations non gouvernementales pourraient offrir des formations sur l'utilisation efficace et durable de ces intrants.

- **Renforcement des compétences et des capacités des agriculteurs**

Le développement des capacités des agriculteurs est essentiel pour améliorer leur productivité. Cela pourrait inclure la formation sur les meilleures pratiques agricoles, la gestion des exploitations agricoles, le marketing et la gestion financière. Les jeunes et les femmes, en particulier, pourraient bénéficier de tels programmes, ce qui pourrait également aider à créer des emplois et à réduire la pauvreté. Selon Pierre Rabhi, « le paysan doit être l'artisan de sa propre vie, de sa propre autonomie et de son indépendance. Il n'est pas seulement un producteur, mais un créateur de richesses vivantes et significatives » (Rabhi, 2012).

- **Amélioration des infrastructures**

Le développement des infrastructures routières et de stockage et une amélioration de la disponibilité de l'eau et de l'électricité peuvent faciliter l'accès aux marchés et réduire les pertes post-récoltes. Cela pourrait nécessiter des investissements importants de la part du gouvernement, soutenus par des bailleurs de fonds internationaux.

- **Facilitation de l'accès aux marchés**

Il est important de faciliter l'accès des agriculteurs aux marchés locaux, régionaux et internationaux. Cela pourrait être réalisé en soutenant le développement de coopératives agricoles, en améliorant les systèmes d'information sur les marchés, et en négociant des accords commerciaux favorables.

- **Promotion de l'innovation et de la recherche**

Le gouvernement et les institutions de recherche pourraient collaborer pour développer des technologies et des innovations qui améliorent la productivité agricole et la résilience au changement climatique. Cela pourrait inclure la recherche sur des variétés de cultures résistantes à la sécheresse, l'amélioration des méthodes d'irrigation, et le développement de technologies numériques pour l'agriculture.

En somme, le développement des chaînes de valeur agricoles au Sénégal nécessitera une approche intégrée qui prenne en compte les besoins spécifiques des agriculteurs, le contexte local et les défis globaux tels que le changement climatique. Cela nécessitera un engagement fort de la part du gouvernement, du secteur privé, des organisations non gouvernementales, des agriculteurs eux-mêmes et d'autres acteurs clés.

Toutes ces idées concourent à l'érection de l'entreprise paysanne. Selon le sociologue rural Jan Douwe van der Ploeg, « l'entreprise paysanne est un modèle qui, contrairement au modèle industriel, est basé sur la justice sociale, l'équité et le respect des droits de l'homme ». L'entreprise paysanne est plus qu'une simple unité de production agricole. Elle englobe des valeurs de durabilité, d'autonomie, d'équité sociale et de respect de l'environnement.

En produisant des aliments à l'échelle locale, les entreprises paysannes peuvent contribuer à la sécurité alimentaire de la région. Elles peuvent aussi favoriser une alimentation saine et durable en produisant des aliments de qualité, souvent biologiques, qui ne nécessitent pas de longs trajets de transport.

Les entreprises paysannes ont la capacité de s'adapter aux fluctuations du marché et aux changements climatiques. Par exemple, elles peuvent diversifier leurs cultures et leurs sources de revenus, ce qui peut leur donner une plus grande résilience en période de crise économique ou climatique. Par ailleurs, par leur nature, elles sont généralement ancrées dans la communauté locale. Elles emploient souvent des travailleurs locaux et soutiennent ainsi l'économie locale. Mais surtout, les entreprises paysannes tendent à utiliser les ressources naturelles de manière durable, ce qui contribue à la préservation des écosystèmes ruraux. Par conséquent, elles soutiennent à la fois l'économie locale et la santé environnementale.

Plusieurs expériences réussies sont visibles en Afrique, qui démontrent qu'il est possible de développer des entreprises paysannes africaines fortes, malgré les défis environnementaux et économiques auxquels le continent est confronté. Il en est ainsi de :

- **Centre Songhaï, au Bénin** : ce centre est un exemple de réussite d'une entreprise paysanne en Afrique. Il s'agit d'un centre de formation et de production agricole qui promeut l'agriculture durable et l'autosuffisance. Le centre utilise des méthodes d'agriculture biologique et intègre l'élevage et la culture pour maximiser la productivité.

- **La coopérative SEKEM, en Égypte** : fondée en 1977, la coopérative SEKEM a réussi à transformer une terre désertique en une ferme florissante grâce à l'agriculture biodynamique. SEKEM produit une gamme de produits biologiques allant des aliments aux textiles, et a créé des emplois pour des milliers de personnes.

- **L'entreprise paysanne de Selam Awassa, en Éthiopie** : ce projet a formé des milliers de jeunes à l'agriculture durable, tout en contribuant à la reforestation de la région. Le projet a également réussi à augmenter la production agricole et à améliorer la sécurité alimentaire locale.

- **Le projet de la Great Green Wall, en Afrique de l'Ouest** : bien que ce soit un projet à grande échelle plutôt qu'une entreprise individuelle, il est digne de mention. Ce projet vise à lutter contre la désertification en plantant une grande bande d'arbres à travers l'Afrique. De nombreuses communautés rurales participent à ce projet, qui crée des emplois, augmente la biodiversité et aide à lutter contre le changement climatique.

L'ÉLEVAGE

L'élevage est l'une des sources importantes de subsistance pour approximativement un milliard de personnes, dont 800 millions de pauvres. Il affecte, positivement ou négativement, les ressources naturelles, la santé publique, l'équité sociale et la croissance économique.

Le secteur de l'élevage dans les pays en développement représente plus d'un tiers du produit intérieur brut agricole et connaît une croissance plus rapide que la plupart des autres sous-secteurs agricoles.

On remarque qu'une croissance est occasionnée par la hausse rapide de la demande de produits d'origine animale. La croissance de la population, l'urbanisation et l'augmentation des revenus sont à l'origine de la demande de nourriture animale dans les pays. Cette situation représente une conjoncture profitable pour la croissance économique et la diminution de la pauvreté dans les zones rurales, d'où l'importance économique des systèmes d'élevage dans les régions en développement.

L'élevage est en train de passer d'extensif (pâturage) à intensif (volailles, porcs et vaches laitières nourris en batterie), renforçant la demande de céréales fourragères, notamment en graines oléagineuses.

L'élevage est un facteur clé d'intégration dans la région, le bétail, les moutons et les chèvres étant des produits d'exportation majeurs des pays sahéliens enclavés vers les pays côtiers humides et *sous-humides*. Cependant, l'offre régionale de viande et de produits laitiers est beaucoup plus faible que la demande, générant une importation nette importante de produits d'élevage – une tendance qui devrait s'intensifier à l'avenir.

Le pastoralisme et la tradition jouent un rôle important au Sénégal, en particulier dans les régions rurales où l'agriculture et l'élevage sont des activités économiques cruciales. Le pastoralisme fait référence à l'élevage et à la gestion des troupeaux d'animaux, tels que les bovins, les ovins et les caprins.

L'élevage au Sénégal occupe une place essentielle dans l'économie du pays, tant en matière de contribution au PIB que de source de subsistance pour de nombreuses familles rurales. Ainsi, la question de son avenir mérite une réflexion approfondie et une analyse perspicace, notamment en considérant les divers défis et opportunités auxquels le secteur est confronté.

Au Sénégal, de nombreuses communautés dépendent de l'élevage pour subvenir à leurs besoins. Les éleveurs nomades, appelés Peuls ou Fulanis, sont une ethnie importante dans le pays et pratiquent depuis des générations l'élevage transhumant. Ils se déplacent avec leurs troupeaux à travers de vastes terres en fonction des différentes saisons et des disponibilités en pâturages.

La tradition joue également un rôle majeur dans la société sénégalaise, y compris dans les zones pastorales. Les valeurs traditionnelles, la langue, les coutumes et les pratiques sociales continuent d'influencer la vie quotidienne des communautés. Les cérémonies, les rituels et les festivals traditionnels sont des occasions importantes pour célébrer la culture pastorale et renforcer les liens communautaires.

Cependant, il convient de noter que l'évolution du mode de vie et les changements socio-économiques ont également impacté le pastoralisme et la tradition au Sénégal. L'accès à l'éducation formelle, les migrations et l'influence croissante des technologies ont introduit de nouvelles dynamiques dans les pratiques traditionnelles. Malgré cela, le pastoralisme et la tradition restent des éléments importants de l'identité et de la vie sénégalaise.

Actuellement, l'élevage au Sénégal est principalement traditionnel, axé sur la subsistance. Il repose fortement sur des pratiques transhumantes, où les animaux sont déplacés saisonnièrement à la recherche de pâturages. Cela a permis de maintenir une production suffisante pour répondre à la demande locale en viande et en produits laitiers. La recherche a montré l'existence d'une relation causale entre croissance économique et productivité de l'élevage dans un échantillon de pays en développement.

Des rendements culturaux et des produits dérivés de l'élevage plus élevés sont causalement reliés à une réduction de la pauvreté, notamment en offrant de franches possibilités commerciales aux éleveurs avec l'augmentation régulière de la demande du consommateur en viande, en lait et autres produits d'élevage. Comment arriver à ce résultat ?

L'atteinte de ce résultat empruntera des chemins multiples, mais coordonnés. Ainsi, pour développer l'élevage au Sénégal, la stratégie peut varier en fonction des objectifs spécifiques, des ressources disponibles et de l'environnement local. Cependant, voici quelques points clés à considérer :

1. Amélioration des pratiques d'élevage : Mettre en place des programmes de formation et de sensibilisation pour les éleveurs afin d'adopter des techniques d'élevage modernes, d'améliorer la gestion des troupeaux, la santé animale, l'alimentation et la reproduction.

2. Infrastructures et équipements : Investir dans des infrastructures d'élevage adéquates, telles que des abris, des clôtures, des systèmes d'approvisionnement en eau et des installations de stockage des aliments.

L'accès à des équipements et à des technologies modernes peut également favoriser l'amélioration de la productivité.

3. Développement de semences et de races adaptées : Encourager la recherche et le développement de semences, de races et de variétés animales adaptées au climat local, résistantes aux maladies et productives. Cette action ira de pair avec le développement de l'élevage intensif en encourageant l'adoption de techniques d'élevage intensif telles que l'élevage en stabulation, l'utilisation de races améliorées et l'introduction de pratiques de gestion modernes pour augmenter la productivité et la rentabilité des exploitations.

4. Accès aux marchés et développement des chaînes de valeur : Faciliter l'accès aux marchés pour les éleveurs en établissant des systèmes de commercialisation efficaces, en renforçant les coopératives d'éleveurs et en favorisant la transformation locale des produits d'élevage.

5. Appui financier et accès aux services : Mettre en place des mécanismes de financement adaptés aux besoins des éleveurs, tels que des crédits à taux d'intérêt abordables, des subventions et des programmes d'assurance. Il est également important de fournir un accès aux services vétérinaires de qualité pour assurer la santé du bétail.

6. Promotion de l'entrepreneuriat et de l'éducation : Encourager l'entrepreneuriat dans le secteur de l'élevage en offrant des formations techniques et entrepreneuriales aux jeunes et aux éleveurs potentiels. Cela peut contribuer à la création d'emplois et au développement économique durable. Sur le chapitre de l'éducation, un ancien ministre[44] milite pour la création d'« un collège agricole dans chaque région agroécologique » dans la perspective de « former un grand nombre d'agriculteurs de type nouveau,

[44] Habib Sy, « Ma vision de l'agriculture et de l'élevage au Sénégal », http://www.hubrural.org/Ma-vision-de-l-Agriculture-et-de-l.html?lang=fr

pour remplacer progressivement les paysans actuels aux méthodes culturales archaïques et en voie de disparition ».

Il est essentiel de prendre en compte les particularités locales, de collaborer avec les parties prenantes concernées, y compris les éleveurs, les organisations agricoles et les institutions gouvernementales, pour élaborer une stratégie globale et adaptée au contexte sénégalais. Bien sûr, toute transition vers des pratiques d'élevage plus durables nécessitera des investissements importants, tant au niveau financier qu'humain. Cependant, compte tenu des bénéfices potentiels pour l'économie sénégalaise et pour la sécurité alimentaire des populations rurales, il est convaincant que ces investissements en vaillent la peine ; le pays pourrait ainsi transformer ce secteur en une source majeure de croissance économique et de développement rural.

Le futur de l'élevage au Sénégal, pour être envisagé du meilleur point de vue, nécessite de prendre en compte plusieurs scénarios possibles. Ceux-ci dépendront de divers facteurs tels que les progrès technologiques, les politiques gouvernementales, les pressions environnementales et la demande du marché. Je vais donc esquisser plusieurs trajectoires possibles, avec leurs avantages et défis associés.

Scénario 1 : L'intensification durable

Dans ce scénario, l'élevage au Sénégal devient de plus en plus intensif et technologiquement avancé. On voit l'adoption de nouvelles technologies et pratiques, comme l'agriculture de précision, l'élevage sur des surfaces réduites, mais productives, ou l'utilisation de systèmes alimentaires améliorés. Ce modèle d'élevage intensif, mais durable, pourrait répondre à la croissance de la demande tout en minimisant l'impact environnemental.

Cependant, ce scénario nécessiterait des investissements significatifs en recherche et développement, en formation des éleveurs et en infrastructures.

Il pourrait également entraîner une concentration de l'élevage entre les mains d'un nombre réduit d'acteurs, avec un risque d'exclusion pour les petits éleveurs.

Scénario 2 : L'agroécologie et l'élevage familial

Dans ce scénario, l'accent est mis sur le développement de l'élevage familial et de l'agroécologie. L'agroécologie, qui intègre les principes écologiques dans la gestion des systèmes agricoles, pourrait permettre d'améliorer la durabilité de l'élevage tout en renforçant la résilience des éleveurs face aux changements climatiques.

Cela pourrait être particulièrement bénéfique pour les petits éleveurs, qui pourraient diversifier leurs sources de revenus et améliorer leur sécurité alimentaire. Toutefois, pour que ce scénario se réalise, il serait nécessaire de mettre en place des politiques de soutien à l'agroécologie et à l'élevage familial, ainsi que des formations adaptées pour les éleveurs.

Scénario 3 : L'urbanisation de l'élevage

Avec l'urbanisation croissante au Sénégal, il est également possible que l'élevage devienne de plus en plus urbanisé. Cela pourrait inclure des pratiques comme l'élevage en milieu urbain ou périurbain, ou l'élevage en système fermé (par exemple, des fermes verticales pour la volaille ou le bétail).

Ce scénario pourrait permettre de répondre à la demande croissante en produits d'origine animale dans les villes. Toutefois, il pose également des défis importants en matière de gestion des déchets, de bien-être animal et de santé publique.

La pêche

L'histoire de la pêche au Sénégal remonte à plusieurs siècles, en raison de sa position géographique le long de l'océan Atlantique et du fleuve Sénégal.

La pêche est une activité économique et culturelle importante dans le pays. Les premières traces de la pêche au Sénégal remontent à l'époque précoloniale, où les communautés locales pratiquaient la pêche artisanale en utilisant des méthodes traditionnelles telles que les filets, les nasses et les lignes de pêche.

Au fil du temps, avec l'arrivée des colons européens, l'industrie de la pêche s'est développée pour répondre à la demande croissante en poisson. Les Européens ont introduit de nouvelles techniques de pêche, comme la pêche au thon et la pêche industrielle à grande échelle.

Après l'indépendance du Sénégal en 1960, le gouvernement a travaillé à développer l'industrie de la pêche en mettant en place des politiques de modernisation et en fournissant un soutien aux pêcheurs artisanaux et aux pêcheurs industriels. Des ports de pêche modernes ont été construits, des coopératives de pêche ont été créées et des accords de pêche ont été signés avec d'autres pays.

Cependant, au fil des années, l'industrie de la pêche au Sénégal a fait face à de nombreux défis. La surpêche, la pollution, le manque de régulation adéquate et les conflits entre les pêcheurs artisanaux et les pêcheurs industriels ont eu un impact négatif sur les ressources halieutiques et sur les moyens de subsistance des communautés dépendantes de la pêche.

La pêche joue un rôle socio-économique considérable au Sénégal, à l'image de la plupart des pays à vocation maritime. La pêche fournit des moyens de subsistance à des milliers de personnes au Sénégal, en particulier dans les communautés côtières. Les pêcheurs et leurs familles dépendent de cette activité pour se nourrir et subvenir à leurs besoins quotidiens. Elle fournit une source importante de protéines animales pour la population sénégalaise. Le poisson est une composante essentielle de l'alimentation locale et contribue à la sécurité alimentaire du pays.

Ce rôle socio-économique s'explique par le fait que « le Sénégal dispose d'écosystèmes très productifs, mais cette productivité est soumise à des variations importantes liées au phénomène d'*upwelling*, c'est-à-dire les remontées d'eaux froides profondes riches en matières minérales, provoquées par le courant froid des Canaries lié à l'alizé maritime pendant la saison sèche »[45]. Les pêcheurs de ce pays d'Afrique de l'Ouest, concentrés principalement dans les régions de Thiès (40 %), Saint-Louis (22 %) et Dakar (15 %), pratiquent aujourd'hui une pêche artisanale de plus en plus tournée vers la productivité, avec une propension à l'exportation. Aussi les ressources démersales côtières, comprenant principalement les crustacés (crevette côtière, langouste, crabe) et la plupart des poissons dits nobles du Sénégal (sole, rouget, capitaine, mérou, dorade) et des céphalopodes (poulpe, seiche), sont-elles particulièrement recherchées en raison de leur forte valeur marchande.

Les ressources pélagiques côtières (plus de 70 % des prises réalisées dans la Zone économique exclusive sénégalaise) ne sont pas en reste parce que constituant l'essentiel des captures de la pêche artisanale ainsi que la part la

[45] https://betaildafrique.info/les-dangers-qui-guettent-la-peche/

plus importante de la consommation annuelle per capita en poisson des populations sénégalaises.

La pêche artisanale est à l'origine de plus de 80 % de la production nationale (350 000 tonnes). De pertinents instruments économiques dans la gestion des pêcheries sénégalaises ont contribué au développement de cette pêche. On peut citer au titre de ces instruments la détaxe sur les engins de pêche, la péréquation sur le carburant utilisé par les pirogues, l'octroi de crédits pour l'équipement et la modernisation des outils de production. Il s'y ajoute « la motorisation des pirogues, la réalisation d'infrastructures de débarquement et d'équipements pour l'hygiène, la qualité et la sécurité en mer ».

1. Surpêche : La surpêche peut épuiser les stocks de poissons et avoir un impact négatif sur les moyens de subsistance des pêcheurs locaux. Cela peut également entraîner des conflits entre les pêcheurs artisanaux et les pêcheurs industriels. La pêche sénégalaise connaît actuellement des difficultés dues à la forte pression exercée sur la ressource. Elle est marquée par une pleine exploitation, voire la surexploitation, des espèces démersales côtières à forte valeur commerciale dans un contexte d'une demande de production mondiale croissante. Cette situation, qui est la résultante d'une mauvaise gestion et de l'exploitation irrationnelle des ressources halieutiques ainsi que d'une déficience du système de régulation de l'accès aux ressources halieutiques, risque d'hypothéquer la durabilité du secteur. Aussi est-il crucial de remédier au régime de libre accès à la ressource pour la pêche artisanale afin d'endiguer la surexploitation des ressources halieutiques, imputable en grande partie à ce sous-secteur.

2. Changement climatique : Le changement climatique peut affecter les courants marins, la température de l'eau et les cycles de reproduction des poissons, ce qui peut entraîner une diminution des captures et une instabilité dans les communautés dépendantes de la pêche. Les principaux

impacts du changement climatique sur la pêche et l'aquaculture au Sénégal sont : la diminution et/ou la migration de stocks halieutiques importants sur le plan social, économique et écologique, l'effondrement de pêcheries (exemple des sardinelles, soles, mollusques…), le recours de plus en plus fréquent à une technologie plus performante accélérant la surexploitation pour combler la baisse des rendements liée à l'effondrement, la réduction des stocks, ainsi que l'insuffisance des moyens humains et financiers pour gérer la pêche par rapport à l'ampleur des contraintes à lever.

3. Accès limité aux ressources : Certains pêcheurs, en particulier ceux des régions rurales et des communautés côtières pauvres, peuvent avoir un accès limité aux ressources telles que les bateaux, les engins de pêche modernes, les infrastructures portuaires et les techniques de conservation des aliments. « La pêche artisanale souffre le plus, car étant considérée comme informelle. Elle semble être réduite à des systèmes isolés d'extraction de ressources, alors qu'elle doit être considérée comme un système intégré, diversifié, pourvoyeur de services durables »[46].

4. Pollution marine : Les déchets plastiques, les déversements d'hydrocarbures et la pollution des eaux nuisent aux écosystèmes marins, affectant ainsi les poissons et la sécurité alimentaire des communautés dépendantes de la pêche.

5. Gestion des ressources : Une mauvaise gestion des ressources halieutiques, le manque de règlementation adéquate et la pêche illégale peuvent entraîner une diminution des stocks de poissons et compromettre la durabilité à long terme de l'industrie de la pêche.

Il convient de noter que ces difficultés sont des exemples généraux et qu'il peut exister d'autres défis spécifiques inhérents à la pêche au Sénégal.

---

[46] Emmanuella Marame Faye, « La pêche à l'agonie », https://www.seneplus.com/economie/la-peche-lagonie.

Plusieurs défis économiques et sociaux se dressent devant les pêcheurs sénégalais, parmi lesquels on peut citer la surexploitation des ressources halieutiques, la concurrence avec les flottes étrangères, la faiblesse des infrastructures portuaires et de transformation, la faible organisation des acteurs de la pêche, la pauvreté et la précarité des conditions de vie des pêcheurs.

L'avenir de la pêche sénégalaise dépendra du franchissement de ces obstacles, mais aussi de divers facteurs tels que les règlementations gouvernementales, la durabilité des pratiques de pêche, les changements climatiques, la gestion des ressources marines et les investissements dans l'industrie. Il est essentiel d'adopter des mesures de conservation et de gérer les stocks de poissons de manière durable pour assurer la viabilité à long terme de la pêche au Sénégal. De plus, le développement de l'aquaculture peut également jouer un rôle important dans l'avenir de l'industrie de la pêche.

Force est de constater qu'à chaque fois que le savoir-faire et l'expérience des acteurs locaux de la pêche ont été reconnus et mis en avant, les résultats ont suivi. Il suffit de susciter un comportement chez le pêcheur artisanal pour en faire un vecteur de transformation du secteur. Pour développer un comportement économique chez les pêcheurs sénégalais, la mise en place de certaines actions concrètes est un passage obligé :

1. Sensibilisation à la durabilité : Il est essentiel de sensibiliser les pêcheurs aux impacts de la surpêche et de leur montrer l'importance de préserver les ressources marines pour assurer leur revenu à long terme. Des programmes éducatifs et des campagnes de sensibilisation peuvent être mis en place pour promouvoir les pratiques durables de pêche.

2. Accès à des informations sur les stocks de poissons : Fournir des informations actualisées sur la quantité de poissons disponible dans les

zones de pêche peut aider les pêcheurs à prendre des décisions éclairées. Cela peut être réalisé en utilisant des technologies comme la télédétection, la surveillance par satellite et les applications mobiles pour partager les données en temps réel.

3. Renforcement des capacités : Offrir des formations aux pêcheurs sur les meilleures pratiques de pêche, la gestion des finances, la commercialisation des produits de la pêche, etc. Cela les aidera à améliorer leur savoir-faire technique et leur connaissance des marchés, favorisant ainsi leur développement économique.

4. Accès aux financements : Faciliter l'accès des pêcheurs à des prêts ou à des programmes de microfinancement leur permettra d'investir dans l'achat de nouveaux engins de pêche, la réparation de leurs bateaux, ou encore la transformation et la commercialisation de leurs produits.

5. Renforcement de la coopération entre les pêcheurs : Encourager la création de groupes de pêche ou de coopératives peut faciliter le partage des connaissances, des ressources et des coûts. Cela renforce également la voix des pêcheurs dans les négociations avec les parties prenantes et les autorités concernées.

6. Diversification des activités économiques : encourager les pêcheurs à diversifier leurs activités économiques peut les aider à réduire leur dépendance exclusive à la pêche, par exemple, avec la culture de poissons en aquaculture, le tourisme côtier ou encore la transformation des produits de la pêche en produits à valeur ajoutée.

Ces mesures ordonnées peuvent encourager un comportement économique plus durable et prospère chez les pêcheurs sénégalais, tout en assurant la préservation des ressources naturelles pour les générations futures. Il est donc essentiel d'impliquer les pêcheurs eux-mêmes dans le processus de planification et de prise de décisions en veillant à ce que leurs besoins et leurs perspectives soient pris en compte.

Une combinaison d'actions engagées en concomitance est la piste à suivre pour sortir la pêche artisanale de la situation pour le moins chaotique dans laquelle elle se trouve. Tout d'abord, la coopération entre les pêcheurs doit être promue en les encourageant en particulier à travailler en coopératives ou en associations afin de partager les ressources, les coûts et les connaissances. Cette logique mutualiste participe d'une économie solidaire propice à améliorer les techniques de pêche. Ensuite, un investissement massif et bien calibré doit intervenir dans la formation des pêcheurs sur les techniques de pêche durables, l'utilisation d'équipements appropriés et les bonnes pratiques de conservation des ressources marines. Cette formation est l'antichambre pour accéder aux marchés par l'établissement de partenariats avec des entreprises locales ou des coopératives de transformation du poisson pour assurer une commercialisation efficace des produits de la pêche artisanale. En outre, il ne sera pas possible de faire l'économie sur les infrastructures et les équipements pour permettre en particulier le stockage du poisson afin de garantir des conditions sanitaires de qualité optimale. C'est d'ailleurs en renforçant les compétences des pêcheurs, en les formant et en investissant dans les infrastructures qu'on arrivera à faire de l'aquaculture, en parallèle de la pêche artisanale, une source de revenus complémentaire pour les pêcheurs.

Enfin, la pêche doit bénéficier d'un effort d'investissement tant public que privé par la mise en place de mécanismes de soutien financier tels que des programmes de subventions ou des offres de prêts à taux préférentiels pour aider les pêcheurs à développer leurs activités. C'est dans cette occurrence que le gouvernement sénégalais, à travers le ministère de la Pêche et de l'Économie maritime (MPEM), le ministère de l'Environnement et du Développement durable (MEDD) et le Comité National sur les

Changements Climatiques (COMNACC), appuyé par le projet USAID/COMFISH, a pris l'initiative d'élaborer un Plan national d'adaptation du secteur de la Pêche et de l'Aquaculture.

L'ARTISANAT AU CŒUR DU DÉVELOPPEMENT

L'artisanat, cette mosaïque d'activités et de talents qui s'entrelacent pour créer l'essence culturelle et économique d'une nation, occupe une place primordiale au Sénégal. Plus qu'une simple activité économique, c'est le reflet de l'âme d'un peuple, un témoin vivant de son histoire, de ses traditions et de sa vision du monde. En comprenant les enjeux inhérents à cet artisanat, il devient possible de forger une stratégie pour faire de ce secteur un véritable moteur de développement pour le Sénégal de demain.

L'artisanat sénégalais, avec plus de 150 métiers, est un réservoir d'emplois et de savoir-faire. Il englobe une diversité d'activités allant de la vannerie à la sculpture, de la bijouterie à la poterie. Cependant, l'enjeu premier est de reconnaître sa valeur intrinsèque et de lui conférer la place qu'il mérite dans l'échiquier économique. Pour beaucoup, l'artisanat est encore perçu comme une activité marginale, une sorte de vestige d'un passé révolu. Mais en réalité, il est porteur d'innovations, d'excellence et d'opportunités économiques.

Pour faire de l'artisanat un levier de développement, il est impératif de moderniser ce secteur sans toutefois dénaturer son essence. Cela implique d'investir dans la formation des artisans, en leur fournissant non seulement des compétences techniques avancées, mais aussi une formation en gestion d'entreprise, marketing et design. En dotant les artisans d'outils modernes et de techniques innovantes, on les prépare à conquérir des marchés nationaux et internationaux.

En parallèle, le soutien à l'innovation est essentiel. L'artisanat, s'il est ancré dans la tradition, doit aussi être en phase avec les attentes des consommateurs contemporains. Cela nécessite des investissements en recherche et développement pour explorer de nouveaux matériaux, adopter des designs contemporains et répondre aux tendances du marché.

L'accès au financement est un autre enjeu crucial. Les artisans ont souvent des difficultés à obtenir des crédits, limitant ainsi leur capacité à investir et à se développer. La création de fonds dédiés, de mécanismes de microcrédit adaptés ou encore de partenariats avec le secteur bancaire peut stimuler l'entrepreneuriat artisanal.

De surcroît, la promotion de l'artisanat sénégalais sur la scène internationale peut ouvrir des marchés prometteurs. Les foires internationales, les expositions et les partenariats avec des distributeurs étrangers peuvent positionner l'artisanat sénégalais comme une référence en matière de qualité et d'originalité.

Finalement, pour que l'artisanat soit une véritable soupape de développement, il est essentiel de protéger les droits des artisans, de garantir un revenu décent et de valoriser leurs contributions à la société.

En embrassant les défis et en reconnaissant le potentiel de l'artisanat, le Sénégal a l'opportunité de tisser un nouveau chapitre de son histoire économique. En alliant tradition et modernité, en respectant les racines tout en visant les étoiles, l'artisanat sénégalais peut non seulement prospérer, mais également propulser la Nation vers un avenir rayonnant.

L'histoire du développement économique regorge d'exemples de nations qui ont réussi à transformer leur secteur artisanal en une véritable force motrice de croissance. Les deux exemples les plus remarquables sont sans doute celui de l'Inde, suivi de près par le Maroc. Ces deux pays, bien qu'évoluant dans des contextes culturels et géographiques différents, ont réussi à naviguer dans les eaux tumultueuses de la mondialisation, en faisant de leur artisanat non seulement un pilier économique, mais aussi un symbole de leur identité nationale.

L'Inde, avec sa riche variété de cultures, de langues et de traditions, possède un secteur artisanal diversifié et dynamique. Le gouvernement indien, reconnaissant la valeur inestimable de cet héritage, a établi des institutions comme la *Handicrafts and Handlooms Exports Corporation* pour soutenir et promouvoir l'exportation des produits artisanaux. À travers des initiatives comme le *Geographical Indication (GI)*, l'Inde a protégé et valorisé ses spécialités artisanales, allant du pashmina du Cachemire au thé Darjeeling. De plus, la mise en place d'écoles et d'instituts de formation dédiés à l'artisanat a renforcé les compétences et la résilience des artisans face aux défis du marché moderne.

Le Maroc, quant à lui, est le berceau de traditions artisanales ancestrales, notamment la poterie, la marqueterie et la tapisserie. La médina de Fès ou les souks de Marrakech témoignent de cette richesse. Pour préserver et promouvoir cet héritage, le royaume a élaboré une stratégie visant à moderniser le secteur, tout en préservant son essence. Les « Maisons de l'Artisan », éparpillées à travers le pays, servent de vitrines pour les produits locaux et offrent des formations pour améliorer la qualité et la compétitivité des artisans sur le marché global. De plus, des collaborations entre artisans et designers internationaux ont engendré des créations fusionnant tradition et modernité, renforçant ainsi l'attractivité de l'artisanat marocain.

Ces deux pays illustrent une trajectoire similaire : une reconnaissance profonde de la valeur intrinsèque de l'artisanat, suivie d'efforts concertés pour le moderniser, le protéger et le promouvoir. Bien que les méthodes aient varié, le fil conducteur demeure une approche intégrée combinant protection, éducation, financement et marketing.

C'est l'exemple des Compagnons français qui est peut-être le plus illustratif ; cette confrérie unique d'artisans, depuis des siècles, a défendu et promu les métiers manuels à travers un système d'apprentissage rigoureux. Leur influence sur l'artisanat français offre une feuille de route précieuse que le Sénégal pourrait envisager de reprendre pour revitaliser et renforcer son propre secteur artisanal.

Les Compagnons du Devoir, comme on les appelle en France, se distinguent par leur philosophie basée sur le voyage, l'apprentissage continu et le transfert de connaissances. L'aspect le plus notable de cette tradition est le « Tour de France », où les jeunes artisans voyagent à travers le pays, travaillant sous la tutelle de maîtres artisans dans diverses villes. Ce voyage n'est pas seulement une exploration géographique, il est aussi une quête de connaissances, de techniques et de perfectionnement personnel.

Le succès de cette approche repose sur plusieurs piliers. Premièrement, il y a une forte accentuation sur la formation pratique. En travaillant directement sur le terrain, les apprentis acquièrent des compétences qui dépassent largement le cadre théorique. Deuxièmement, cette immersion dans diverses cultures régionales et techniques enrichit l'artisan, l'exposant à une diversité de méthodes et de traditions. Troisièmement, il y a un profond respect pour le métier et une quête incessante de perfection.

Ces *success-stories* éclairent une vérité universelle : l'artisanat, lorsqu'il est soutenu par une vision claire et des politiques adéquates, peut non seulement survivre à l'ère de la mondialisation, mais aussi prospérer et se transformer en un solide pilier économique. Ainsi, en puisant dans les leçons du passé et en adaptant les stratégies au contexte contemporain, toute nation peut rêver de façonner un futur où l'artisanat est célébré, protégé et prospère. Dès lors, la démonstration est faite qu'avec engagement, passion et structure, l'artisanat peut être élevé à un niveau d'excellence. En adaptant ces principes à son contexte unique, le Sénégal a le potentiel de tisser une nouvelle ère pour son artisanat, le plaçant au cœur de sa renaissance culturelle et économique. Pour paraphraser une sagesse populaire, « celui qui travaille avec ses mains est un artisan ; celui qui travaille avec ses mains et sa tête est un artiste ; et celui qui travaille avec ses mains, sa tête et son cœur est un maître ». En s'inspirant des Compagnons, le Sénégal pourrait bien voir émerger une nouvelle génération de maîtres artisans.

Le point nodal de la réussite artisanale au Sénégal sera la promotion. Or, promouvoir l'artisanat requiert une approche combinée qui valorise le savoir-faire traditionnel tout en intégrant des techniques modernes de commercialisation et de gestion. Ces 10 étapes clés pourront mettre en lumière et dynamiser le secteur artisanal :

1. **Formation et éducation** : Investir dans la formation des artisans pour améliorer et diversifier leurs compétences. Il est également crucial de leur offrir des compétences en entrepreneuriat, en marketing et en gestion d'entreprises pour mieux commercialiser leurs produits.

2. **Certifications et labellisation** : Mettre en place un système de certification pour garantir la qualité et l'authenticité des produits artisanaux. Un label distinctif peut aider à différencier les produits artisanaux authentiques des contrefaçons sur le marché.

3. **Plateformes de commercialisation** : Créer des plateformes en ligne dédiées pour aider les artisans à atteindre un marché

global. Les sites web et applications dédiés peuvent présenter des histoires d'artisans, des descriptions de produits et faciliter les transactions.

4. **Promotion locale et touristique** : Organiser régulièrement des foires et des expositions d'artisanat pour attirer aussi bien les locaux que les touristes. Le tourisme est un vecteur puissant pour faire connaître et vendre des produits artisanaux.

5. **Partenariats et collaborations** : Encourager les collaborations entre artisans et designers ou grandes marques pour créer des collections uniques qui combinent tradition et modernité.

6. **Financement** : Mettre en place des mécanismes financiers adaptés aux besoins des artisans, tels que des microcrédits ou des subventions pour soutenir leur activité et leur expansion.

7. **Protection des droits** : Établir un cadre juridique protégeant les droits des artisans, notamment en ce qui concerne la propriété intellectuelle. Cela encourage l'innovation tout en préservant le patrimoine culturel.

8. **Histoire et marketing** : Raconter l'histoire derrière chaque produit. L'histoire d'un objet, son origine, le processus de fabrication, et l'histoire de l'artisan lui-même peuvent devenir un outil marketing puissant.

9. **Réseaux et associations** : Encourager la création d'associations ou de coopératives d'artisans. Ces groupements peuvent faciliter l'accès aux ressources, aux marchés et renforcer la capacité de négociation des artisans.

10. **Éducation du consommateur** : Sensibiliser le public à la valeur de l'artisanat, à l'importance de soutenir les artisans locaux et à l'impact socio-économique positif de l'achat d'articles artisanaux.

L'INDUSTRIE

L'industrie sénégalaise, comme celle de nombreux pays en voie de développement, est le reflet d'une mosaïque d'interactions socio-économiques, géopolitiques et environnementales. En dévoilant les strates de son économie, on découvre un pays qui, au fil des décennies, cherche à équilibrer sa tradition agraire avec les impératifs d'une mondialisation croissante et les exigences de la modernité.

Historiquement ancrée dans une économie agraire, la République du Sénégal a vu l'agriculture, l'élevage et la pêche jouer un rôle prépondérant dans la formation de son Produit Intérieur Brut (PIB). Cependant, l'évolution du paysage économique mondial et les découvertes minérales sur son territoire ont ébranlé cette prédominance. L'extraction de phosphate, par exemple, a positionné le Sénégal comme l'un des acteurs notables sur le continent africain. Cela a non seulement augmenté sa stature économique régionale, mais a également engendré de nouvelles dynamiques géopolitiques, à mesure que les intérêts internationaux se sont focalisés sur ce précieux minerai.

Parallèlement à ces évolutions, des avancées technologiques et une libéralisation progressive des marchés ont favorisé l'essor du secteur des télécommunications. Ce développement, quoique tardif comparé à d'autres régions, symbolise un tournant dans l'intégration du Sénégal dans l'économie numérique mondiale. La croissance de ce secteur est d'autant plus significative qu'elle suggère une transition vers une économie basée sur la connaissance et l'information.

Les réserves de gaz et de pétrole, récemment découvertes au large des côtes sénégalaises, ont suscité un optimisme prudent. Si elles promettent une source potentielle de revenus et d'investissements, elles posent également des questions cruciales quant à la gouvernance, la répartition des bénéfices et les implications environnementales.

Toutefois, malgré ces avancées, le Sénégal est confronté à des défis de taille. L'environnement, notamment, demeure une préoccupation majeure. Les activités industrielles et agricoles ont des répercussions écologiques tangibles, à l'instar de la pêche excessive ou de la déforestation. Ces défis, s'ils ne sont pas abordés avec rigueur et anticipation, pourraient compromettre la viabilité à long terme de certaines industries clés.

Le Sénégal, à l'aube de ce nouveau millénaire, est à un carrefour. Il est impératif pour le pays d'orchestrer harmonieusement ses ressources, ses potentialités et ses défis, afin d'assurer un avenir prospère à sa population tout en préservant l'intégrité de son patrimoine naturel et culturel.

L'industrialisation d'un pays, en particulier celle de la République du Sénégal, doit être envisagée non seulement comme une transformation économique, mais également comme un projet sociétal qui prend en compte les spécificités historiques, culturelles et environnementales. Dans cette optique, le Sénégal, face à son héritage et à ses aspirations futures, nécessite une approche d'industrialisation nuancée et multidimensionnelle.

Premièrement, l'essence même de l'industrialisation est de transformer les matières premières en produits finis. Or, le Sénégal est doté d'un éventail diversifié de ressources naturelles, allant du phosphate aux réserves de pétrole et de gaz, sans oublier son riche patrimoine agricole. La mise en valeur de ces ressources devrait se faire en privilégiant des technologies propres et durables, afin d'assurer une exploitation qui respecte l'équilibre écologique et garantit la pérennité des ressources pour les générations futures.

Deuxièmement, il est indispensable de reconnaître le potentiel humain du Sénégal. La population jeune et croissante est à la fois une ressource et un défi. L'éducation et la formation technique, adaptées aux besoins spécifiques de l'industrialisation, doivent être placées au cœur des priorités nationales. Il s'agira de former une main-d'œuvre qualifiée, capable de répondre aux exigences d'une industrie moderne tout en valorisant les savoir-faire locaux.

Troisièmement, l'industrialisation doit répondre aux besoins essentiels de la population. Au lieu de privilégier uniquement les industries orientées vers l'exportation, le Sénégal devrait envisager de développer une industrie locale robuste qui répond aux besoins domestiques en matière d'alimentation, de logement, d'énergie et de santé. Cela contribuerait à créer une économie résiliente, moins dépendante des fluctuations des marchés mondiaux en utilisant l'industrialisation comme un instrument d'autosuffisance afin de garantir une réduction des importations et la création d'emplois locaux. Sous ce rapport, l'industrialisation, si elle est abordée de manière judicieuse, peut coexister en harmonie avec l'artisanat, enrichissant ainsi l'économie nationale sans compromettre le patrimoine culturel. Le Sénégal, avec son riche héritage artisanal, est bien placé pour harmoniser ces deux domaines. Pour ce faire, deux impératifs devront être strictement considérés :

- **La valorisation des matières premières locales :** L'industrialisation pourrait se concentrer sur la valorisation des ressources locales, qui sont souvent la base de l'artisanat. Par exemple, le coton local pour la production textile, et le cuir pour la maroquinerie. Cela renforcerait non seulement l'économie locale, mais donnerait également une valeur ajoutée aux produits industriels en les ancrant dans la tradition sénégalaise.

- **L'intégration de l'artisanat dans les chaînes de production :** L'industrie pourrait collaborer avec les artisans pour incorporer des éléments artisanaux dans la production de masse, offrant ainsi des produits uniques qui mêlent le meilleur des deux mondes : la qualité et l'authenticité de l'artisanat avec l'efficacité de la production industrielle.

Quatrièmement, le rôle de l'État est primordial. L'intervention de l'État ne doit pas se limiter à la régulation, mais doit aussi se traduire par un soutien actif à l'innovation, à la recherche et au développement. Il est impératif d'établir un cadre législatif et fiscal propice aux investissements, tout en garantissant une répartition équitable des bénéfices de l'industrialisation.

Enfin, il convient de noter l'importance d'une vision à long terme. L'industrialisation ne doit pas être envisagée comme une fin en soi, mais comme un moyen d'assurer un développement holistique du pays. En ce sens, le Sénégal devrait s'inspirer des meilleures pratiques internationales tout en adaptant ces leçons à son contexte unique.

Au total, l'industrialisation du Sénégal, si elle est abordée avec prudence, vision et respect de ses spécificités, a le potentiel de transformer non seulement son paysage économique, mais aussi de façonner un avenir plus prospère et équilibré pour l'ensemble de sa population.

Cette industrialisation du Sénégal qui va se réaliser dans le contexte actuel d'une concurrence mondiale ardue, particulièrement face à des puissances telles que la Chine et l'Inde, suscite une interrogation majeure quant aux mécanismes et stratégies à adopter. Il convient d'appréhender cette problématique à travers une analyse multidimensionnelle qui tient compte des divers aspects économiques, sociaux et géopolitiques.

Dans un premier mouvement, la question de la spécialisation stratégique se pose avec acuité. Le Sénégal, doté d'une richesse naturelle et d'un patrimoine culturel distincts, peut opter pour une valorisation de ses ressources locales en vue de se forger une place dans des niches industrielles spécifiques. Cette démarche permettrait au pays de capitaliser sur ses avantages comparatifs sans pour autant entrer en concurrence frontale avec les géants industriels. Elle exige néanmoins une fine analyse des secteurs où le Sénégal pourrait exceller, assortie d'une vision prospective.

Par ailleurs, l'innovation et la recherche constituent des leviers indispensables à la modernisation de l'industrie sénégalaise. Une industrialisation réussie ne saurait se concevoir sans un investissement conséquent dans la recherche et le développement. Le Sénégal doit, en ce sens, insuffler une dynamique d'innovation en adéquation avec ses réalités et ambitions. Ainsi, une double attention devra être portée d'une part à l'institutionnalisation de la recherche, en dotant les institutions de recherche des ressources nécessaires, tant humaines que matérielles. Cela signifie non seulement investir dans les infrastructures, mais aussi former des chercheurs de haut niveau, en les exposant aux meilleures pratiques internationales, tout en veillant à ce que la recherche soit orientée vers des questions pertinentes pour le développement national. Dans cette perspective, les chercheurs sénégalais devraient avoir accès aux bases de données mondiales de propriété intellectuelle, leur permettant ainsi de connaître les avancées dans leur domaine et d'éviter de dupliquer les efforts.

D'autre part, il faut établir un lien entre les universités et l'industrie. En effet, les collaborations entre les universités et l'industrie devraient être encouragées, favorisant ainsi la commercialisation des innovations. Ces partenariats peuvent prendre la forme d'incubateurs, de parcs technologiques ou d'initiatives conjointes de recherche et développement. Pour encourager cette dynamique, des incitatifs fiscaux et financiers pourraient être proposés aux entreprises qui investissent dans la recherche et le développement. Ces incitatifs pourraient également être étendus aux entreprises qui collaborent avec des institutions de recherche locales. Outre les incitatifs, des mécanismes de financement spécifiques pour la recherche, tels que des fonds dédiés, devraient être établis. Ces fonds pourraient soutenir des projets de recherche prometteurs, avec une attention particulière portée aux domaines stratégiques pour le développement national.

La formation et l'éducation sont un autre axe crucial. Le développement d'une main-d'œuvre qualifiée et adaptée aux besoins de l'industrie contemporaine est un impératif catégorique. Il s'agit d'une entreprise délicate qui nécessite une réflexion profonde sur la manière d'intégrer les compétences requises dans le système éducatif et de faire converger ces compétences vers les exigences du marché.

Les partenariats stratégiques et les alliances avec d'autres nations et entités régionales sont également une voie à explorer avec prudence. Dans un monde de plus en plus interconnecté, les accords commerciaux et les collaborations peuvent offrir des opportunités, mais ils requièrent une négociation habile pour garantir que les intérêts du Sénégal soient protégés et promus.

Enfin, la promotion d'une marque « made in Sénégal » et l'adoption de normes élevées en matière d'environnement, de travail et de qualité peuvent offrir au Sénégal une distinction sur la scène mondiale. Cette approche requiert une mise en œuvre méticuleuse, une réglementation stricte et un suivi rigoureux pour assurer son succès.

On peut donc établir que la trajectoire industrielle du Sénégal dans le paysage concurrentiel mondial exige une réflexion stratégique éclairée et une action résolue. Il s'agit d'une entreprise complexe, où les opportunités et les défis doivent être soigneusement pesés. Une telle démarche, si elle est entreprise avec sagacité et discernement, pourrait positionner le Sénégal comme un acteur industriel non seulement viable, mais également influent, capable de naviguer avec succès dans les eaux tumultueuses de l'économie mondiale contemporaine. Une attention particulière devra être portée à l'organisation de la propriété intellectuelle et la recherche au Sénégal nécessite une vision claire, une coordination entre les diverses parties prenantes et un engagement continu pour maintenir l'intégrité, la pertinence et la compétitivité du système. Une telle structure, bien orchestrée, pourrait faire du Sénégal un pôle d'innovation et de recherche en Afrique de l'Ouest, renforçant ainsi sa position sur l'échiquier mondial de la recherche et de l'innovation.

La santé

La santé publique au Sénégal se trouve confrontée à un éventail complexe de défis, nécessitant une approche rigoureuse et intégrée pour pallier ces enjeux prégnants. En effet, un des obstacles majeurs est l'accès restreint aux soins de santé, notamment dans les contrées rurales et reculées où les structures médicales demeurent lacunaires. Cette disparité criante engendre des iniquités sanitaires flagrantes, privant ainsi de nombreux concitoyens des prestations médicales essentielles.

Un autre défi d'envergure auquel le pays fait face réside dans le financement insuffisant du système de santé. Bien que des efforts aient été consentis par les pouvoirs publics pour améliorer cette situation, les ressources allouées demeurent souvent en deçà des besoins grandissants de la population. Cette contrainte budgétaire affecte inévitablement la qualité des soins, la disponibilité des médicaments et la mise en place de politiques préventives efficaces.

De surcroît, la prévention des maladies s'avère primordiale pour la santé publique sénégalaise. Si des avancées significatives ont été enregistrées dans la lutte contre les maladies transmissibles, telles que le paludisme, la tuberculose et le VIH/SIDA, leur prévalence demeure préoccupante. Parallèlement, les maladies non transmissibles, comme les affections cardiovasculaires et le diabète, affichent une recrudescence inquiétante, exigeant une approche ciblée de prévention et de sensibilisation.

Un autre secteur crucial nécessitant une amélioration concerne la santé maternelle et infantile. Le taux de mortalité maternelle persiste à un niveau alarmant en raison d'accouchements non assistés et d'un accès restreint aux soins prénataux. De même, le taux de mortalité infantile reste préoccupant, en partie du fait de maladies évitables et de la malnutrition. Ainsi, renforcer les services de santé maternelle et infantile, dispenser des soins de qualité et promouvoir l'éducation sanitaire au sein des communautés s'avèrent impérieux pour sauvegarder des vies et améliorer la santé des futures générations.

Outre ces défis persistants, le pays doit aussi affronter le risque potentiel de maladies épidémiques et émergentes. Dans un monde de plus en plus interconnecté, les flambées épidémiques peuvent se propager rapidement, mettant en péril la santé de la population. À cet égard, renforcer la surveillance épidémiologique, développer des mécanismes d'alerte précoce et préparer des réponses rapides et coordonnées en cas d'urgence sanitaire sont une nécessité primordiale.

Aussi, la santé publique au Sénégal doit-elle relever des défis multidimensionnels qui requièrent une approche globale, intégrée et persévérante. En améliorant l'accès aux soins de santé, en renforçant le financement, en promouvant la prévention, en améliorant la santé maternelle et infantile, et en renforçant la surveillance épidémiologique, le pays pourra répondre aux défis de manière cohérente et durable, assurant ainsi un meilleur état de santé et de bien-être à l'ensemble de sa population.

L'intégration de la médecine traditionnelle dans les pratiques thérapeutiques au Sénégal, inspirée de l'expérience réussie de la Chine avec la médecine traditionnelle chinoise (MTC), pourrait constituer une avancée significative pour le système de santé publique. La médecine traditionnelle sénégalaise, riche de ses pratiques ancestrales et de ses connaissances empiriques, pourrait être valorisée et complémentée par la médecine moderne, permettant ainsi de répondre aux besoins de santé de la population de manière holistique, en tenant compte de ses spécificités culturelles et de ses croyances.

Avant d'entreprendre une telle initiative, une recherche approfondie et une évaluation rigoureuse s'avèrent indispensables. Ces étapes permettront d'identifier les pratiques de médecine traditionnelle les plus répandues au Sénégal et d'évaluer scientifiquement leur efficacité, leur sécurité, ainsi que leur compatibilité avec les normes de la médecine moderne. Des études cliniques rigoureuses et des essais contrôlés pourront contribuer à établir des preuves solides concernant l'efficacité de certaines pratiques traditionnelles.

Une fois les pratiques traditionnelles identifiées, la formation et la certification des praticiens de médecine traditionnelle deviennent cruciales. Des normes claires et exigeantes permettront de garantir la qualité des prestations et d'assurer que seuls des praticiens qualifiés et compétents exercent légalement. Cette collaboration étroite entre les praticiens de médecine traditionnelle et les professionnels de la santé moderne est indispensable pour une prise en charge coordonnée des patients et une intégration harmonieuse des différentes approches thérapeutiques.

Il est également essentiel de sensibiliser le public sur les avantages et les limites de la médecine traditionnelle, ainsi que sur l'importance de consulter des professionnels de santé qualifiés. Une telle sensibilisation favorisera un recours responsable à la médecine traditionnelle et évitera les risques liés à l'automédication. La réglementation stricte de la commercialisation et de la vente des produits de médecine traditionnelle, ainsi qu'un suivi régulier de leur efficacité et de leur sécurité, sont également des aspects cruciaux pour prévenir les abus et les pratiques dangereuses.

En s'appuyant sur les expériences positives de la Chine en matière d'intégration de la médecine traditionnelle, le Sénégal pourra renforcer son système de santé de manière globale et culturellement appropriée. Cependant, une approche prudente basée sur des données scientifiques et impliquant tous les acteurs concernés sera nécessaire pour une mise en œuvre réussie et durable. L'intégration de la médecine traditionnelle dans les pratiques thérapeutiques pourrait ainsi offrir de nouvelles perspectives en matière de santé publique, contribuant à améliorer l'accès aux soins et à promouvoir le bien-être de la population sénégalaise.

En Chine, la médecine traditionnelle chinoise (MTC) est organisée et régulée de manière officielle par le gouvernement. Voici quelques aspects clés de l'organisation et de la réglementation de la MTC en Chine :

1. Licence et pratiquants : Les praticiens de la MTC doivent obtenir une licence officielle délivrée par le ministère de la Santé de la République populaire de Chine. Cette licence garantit que le praticien a suivi une formation appropriée et respecte les normes établies. Les licences sont délivrées à différents niveaux, en fonction de la compétence et de la spécialisation du praticien.

2. Éducation et formation : Les études de médecine traditionnelle chinoise en Chine sont rigoureuses et comprennent des programmes d'enseignement spécifiques. Les établissements d'enseignement médical offrent des programmes de formation en MTC, et les étudiants doivent passer des examens pour obtenir leur diplôme. Les programmes d'études comprennent des cours théoriques, des stages cliniques et des formations pratiques.

3. Pratique clinique : En Chine, les praticiens de la MTC peuvent travailler dans des hôpitaux spécifiques à la MTC. Ces hôpitaux sont généralement équipés pour fournir des traitements traditionnels chinois

ainsi que des soins médicaux occidentaux. Les patients peuvent choisir de consulter un praticien de la MTC pour diverses affections, y compris les troubles internes, les maladies chroniques, les déséquilibres énergétiques, etc.

4. Réglementation et surveillance : La pratique de la MTC est réglementée par le ministère de la Santé de la Chine, qui établit des lignes directrices et des politiques pour garantir la qualité et la sécurité des soins. Les praticiens sont tenus de se conformer aux normes professionnelles établies et peuvent faire l'objet de contrôles réguliers pour évaluer leurs compétences et pratiques.

Il convient également de noter que la MTC en Chine est parfois combinée avec des approches de médecine occidentale, dans le but de fournir des soins de santé complets et holistiques aux patients.

L'intégration des nouvelles technologies dans le secteur de la santé offre des opportunités prometteuses pour améliorer l'accès aux soins et renforcer les services médicaux au Sénégal. Tout d'abord, la mise en œuvre de la télémédecine constitue un levier essentiel pour combler les disparités d'accès aux soins entre les zones urbaines et rurales. Grâce aux consultations médicales en ligne, les populations éloignées peuvent bénéficier de conseils et de diagnostics précis, tout en réduisant les délais d'attente pour les rendez-vous médicaux.

De plus, le développement de dossiers médicaux électroniques centralisés permettra une gestion efficiente des informations médicales des patients. Cette intégration facilitera la communication entre les professionnels de santé, optimisera les traitements et réduira les risques d'erreurs médicales. Les patients auront ainsi un suivi médical plus personnalisé et cohérent. Par ailleurs, cela permettrait une gestion optimale des ressources médicales dans les zones rurales. Cette intégration technologique faciliterait aussi la coordination entre les différents acteurs de la santé, évitant les redondances et les oublis médicaux. Grâce à ces dossiers électroniques, les professionnels de santé pourraient avoir un accès immédiat aux antécédents médicaux des patients, optimisant ainsi la qualité des soins.

L'utilisation d'applications mobiles de santé représente également une opportunité majeure pour sensibiliser et éduquer la population sur les maladies courantes et les pratiques préventives. Ces applications peuvent fournir des informations fiables sur les symptômes, les traitements, les régimes alimentaires et les comportements favorables à la santé. De plus, elles peuvent permettre aux patients de surveiller leur propre état de santé et de recevoir des rappels pour leurs rendez-vous médicaux et leurs traitements.

La surveillance épidémiologique est un autre domaine qui bénéficie grandement des nouvelles technologies. Grâce à la collecte et à l'analyse de données en temps réel, les systèmes d'alerte précoce peuvent détecter rapidement les flambées de maladies infectieuses et permettre aux autorités sanitaires de mettre en place des mesures préventives et d'intervention ciblées. Cela est d'une importance capitale pour éviter la propagation de maladies épidémiques potentielles et protéger la santé publique.

En outre, les nouvelles technologies offrent des possibilités de formation médicale en ligne pour les professionnels de santé. Des plateformes d'apprentissage virtuelles peuvent être mises en place pour améliorer les compétences et les connaissances des praticiens, leur permettant ainsi de rester à la pointe des avancées médicales et des meilleures pratiques de traitement.

Dans cette occurrence, on peut affirmer que l'intégration des nouvelles technologies dans le domaine de la santé au Sénégal ouvre la voie à de multiples opportunités pour améliorer l'accès aux soins, renforcer la prévention des maladies et optimiser la gestion des données médicales. Cependant, pour que ces initiatives soient pleinement fructueuses, il est essentiel de mettre en place une infrastructure adéquate, de former les professionnels de santé à l'utilisation de ces technologies, et de veiller à la sécurité et à la confidentialité des données médicales des patients. Une approche rigoureuse et soutenue dans la mise en œuvre de ces technologies permettra de concrétiser leur potentiel transformateur pour la santé publique au Sénégal.

Les zones rurales qui font figure de déserts médicaux peuvent tirer un grand parti de ces nouvelles technologies. En effet, l'intégration des nouvelles technologies dans les zones rurales du Sénégal représente une opportunité inestimable pour améliorer l'accès aux soins, renforcer la sensibilisation à la santé, optimiser le suivi médical, optimiser la gestion des ressources médicales et renforcer la surveillance épidémiologique. Une démarche soutenue et articulée dans l'adoption de ces technologies novatrices pourrait ainsi contribuer à réduire les disparités en matière de santé entre les zones rurales et urbaines, favorisant ainsi le bien-être de l'ensemble de la population sénégalaise.

D'une part, l'incorporation des nouvelles technologies dans les zones rurales permettrait de surmonter les obstacles géographiques et d'améliorer l'accès aux soins de santé. Grâce à la télémédecine, les consultations médicales pourraient être accessibles à distance, éliminant ainsi la nécessité pour les patients de se rendre dans des centres médicaux éloignés. Cette avancée technologique réduirait les contraintes de distance et de mobilité, permettant ainsi aux habitants des zones rurales de bénéficier de conseils médicaux sans quitter leur domicile.

D'autre part, les applications mobiles de santé joueraient un rôle clé dans la sensibilisation et l'éducation à la santé dans ces régions éloignées. Ces applications fourniraient des informations médicales pertinentes et actualisées sur les maladies courantes, les pratiques d'hygiène et la nutrition. Grâce à ces conseils médicaux accessibles au bout des doigts, les populations rurales pourraient être mieux informées et armées pour prendre des décisions éclairées concernant leur bien-être.

Dans le même sillage, les nouvelles technologies permettraient un suivi efficace des maladies chroniques dans les zones rurales. Des dispositifs médicaux connectés pourraient collecter des données de santé vitales, tel que sur la pression artérielle et la glycémie, et les transmettre aux professionnels de santé. Ainsi, les patients atteints de maladies chroniques pourraient être suivis à distance, bénéficiant d'une prise en charge continue et d'une intervention précoce en cas de besoin, même en l'absence d'installations médicales proches.

Au total, les nouvelles technologies renforceraient la surveillance épidémiologique dans les zones rurales, améliorant ainsi la capacité de détection rapide des flambées de maladies infectieuses. Grâce à la collecte en temps réel des données de santé, les autorités sanitaires pourraient prendre des mesures préventives proactives et coordonnées, limitant ainsi la propagation des maladies et protégeant la santé de la population rurale.

La culture

Aimé Césaire disait : « Sans la culture, et la relative liberté qu'elle suppose, la société, même parfaite, n'est qu'une jungle ». Il est donc impératif pour les décideurs et la société civile de reconnaître, de valoriser et d'investir dans la culture.

La culture est souvent perçue comme un ensemble de manifestations artistiques ou de traditions, mais elle est bien plus que cela. Elle constitue la matrice de notre pensée, notre mode de vie et notre identité. Plus encore, la culture est au cœur du développement durable et inclusif de toute société. Si nous acceptons l'affirmation de T. S. Eliot[56] selon laquelle « la culture est ce qui rend la vie digne d'être vécue », alors il convient d'analyser comment elle s'inscrit en tant que ressource primordiale pour le développement. Philosophiquement, la culture est souvent envisagée comme la somme totale des façons dont les êtres humains interprètent et donnent un sens à leur existence. Elle est le reflet de notre compréhension du monde, de notre place en son sein et des valeurs que nous décidons d'adopter. La culture n'est pas simplement un produit, mais un processus – un mouvement dialectique où l'individu et la société sont en constante interaction.

La culture est le socle du développement humain. Le développement humain est intrinsèquement lié à la culture. C'est par la culture que l'individu construit sa personnalité, son sens critique et sa capacité à interagir avec autrui. Le développement est souvent compris comme une

[56] Prix Nobel de littérature 1948.

transformation sociale. Cependant, quel est le moteur de cette transformation ? Est-ce la technologie, l'économie ou la politique ? Bien que ces éléments jouent un rôle, c'est la culture qui façonne et est façonnée par ces forces. Elle est à la fois agent et produit du développement. La culture, en tant qu'agent, influence la direction du développement en fournissant un cadre de valeurs et de croyances. En tant que produit, elle est continuellement reformulée en réponse aux changements socio-économiques.

La relation entre culture et développement est dialectique. Aucun modèle de développement ne peut réussir s'il ne tient pas compte des particularités culturelles. Inversement, la culture, en tant qu'entité vivante, évolue et s'adapte en réponse aux stimuli du développement. Pour une véritable harmonie, la philosophie et la sociologie suggèrent une approche de développement qui est non seulement inclusive, mais aussi réflexive, reconnaissant la culture comme un pilier central dans la trajectoire complexe du progrès humain.

La culture représente un facteur d'émancipation intellectuelle : l'accès à la culture permet à l'individu de développer son esprit critique, d'élargir ses horizons et de comprendre le monde qui l'entoure. Comme le soulignait Emmanuel Kant : « L'Homme est la seule créature qui a besoin d'éducation ». C'est par cette éducation, profondément ancrée dans la culture, qu'il devient citoyen.

La culture est également un puissant levier économique. L'économie de la culture est loin d'être négligeable. Le cinéma, le théâtre, la musique, la littérature, sont autant de domaines qui génèrent des revenus conséquents. Selon un rapport de l'UNESCO, le secteur culturel représentait en 2013 près de 3 % du PIB mondial. À titre d'exemple, Hollywood aux États-Unis et Bollywood en Inde génèrent des milliards de dollars chaque année. Il faut comprendre que le développement ne peut pas seulement être économique ou technologique ; il doit aussi être culturel. C'est la culture qui donne un sens et une direction au développement, et qui assure que le progrès matériel est en harmonie avec les valeurs et l'identité d'une nation.

Autrement dit, le développement, qui est unique pour chaque nation, est une synthèse entre la modernité et la tradition, si bien qu'il est essentiel de subsumer la science, la technologie et la rationalité tout en préservant et en valorisant ses riches traditions culturelles. Cependant, l'un des défis de l'analyse économique de la culture est d'évaluer sa « valeur ». Si l'on peut mesurer facilement certains impacts économiques (par exemple, les recettes d'un film), d'autres aspects, tels que l'importance culturelle ou historique d'un site patrimonial, sont plus difficiles à quantifier. À tout le moins peut-on soutenir que la culture peut avoir des effets indirects ou « externalités » sur l'économie. Par exemple, une scène artistique florissante peut stimuler l'innovation dans d'autres secteurs ou améliorer la cohésion sociale, ce qui peut à son tour avoir des effets économiques positifs. Malgré tout, la culture peut être considérée comme une forme de capital, au même titre que le capital physique ou humain. Une culture riche et diversifiée peut améliorer la qualité de vie, attirer des talents et stimuler l'innovation. Les villes, avec une scène culturelle dynamique, par exemple, peuvent être plus attractives pour les entreprises et les travailleurs.

La culture est aussi un vecteur de tourisme. En effet, les sites patrimoniaux, les musées, les festivals sont autant d'attractions qui attirent les touristes. Pour preuve, la Ville Lumière, Paris, avec ses musées comme le Louvre et ses monuments historiques, attire chaque année des millions de visiteurs du monde entier.

La culture est aussi un outil de cohésion sociale. Elle offre un moyen d'expression aux groupes marginalisés, renforce le sentiment d'appartenance et favorise le dialogue interculturel.

Cela dit, la culture sénégalaise, riche et diversifiée, représente un formidable vecteur de développement économique. Toutefois, pour que cet atout culturel se traduise par un véritable rayonnement international et des retombées économiques tangibles, il est impératif d'adopter une stratégie holistique de valorisation, de protection et de promotion. Le Sénégal, pays phare de l'Afrique de l'Ouest, jouit d'une réputation culturelle incontestée, un atout qui, lorsqu'il est adéquatement exploité, peut servir de levier au développement économique et au rayonnement international du pays.

Le Sénégal, niché à l'extrémité ouest de l'Afrique, est un véritable mélange d'harmonies culturelles, une symphonie de traditions, de croyances et d'expressions artistiques. Ce pays, à la fois baigné par l'Atlantique et ancré dans les profondeurs du Sahel, offre une culture aussi riche que son histoire.

La mosaïque ethnique du Sénégal, avec les Wolofs, les Peuls, les Sérères et tant d'autres ethnies, tisse un paysage linguistique riche et diversifié. Cependant, le wolof s'est imposé, au fil du temps, comme une *lingua franca*, tout en coexistant harmonieusement avec la langue officielle héritée de la colonisation, le français.

La spiritualité sénégalaise est également d'une richesse incomparable. Si l'islam domine, il s'est adapté et intégré dans le tissu culturel du pays à travers les confréries soufies comme la Mouridiya et la Tidjanya. C'est cette version unique de l'islam qui se mêle, en toute sérénité, aux croyances chrétiennes et animistes, offrant un modèle de coexistence religieuse.

Musicalement, le Sénégal danse au rythme du mbalax, ce genre musical qui fait battre le cœur du continent et a franchi ses frontières pour conquérir le monde, grâce à des icônes comme Youssou N'Dour, Thione Seck, Baba Maal, le Positive Black Soul. Cette musique est le reflet d'une nation qui célèbre son héritage tout en embrassant le monde moderne.

En littérature, la plume poétique de Léopold Sédar Senghor a magnifié la négritude, une idée qui a transcendé les frontières pour donner une voix à tout un continent. Les œuvres d'Aminata Sow Fall et de Cheikh Hamidou Kane, pour n'en citer que quelques-uns, ont eu un écho international, positionnant ainsi le Sénégal comme un bastion intellectuel en Afrique. Ces écrits ne sont pas seulement des témoignages d'une époque ou d'une vision ; ils sont aussi des outils d'influence culturelle et de *soft power*. La littérature sénégalaise a toujours été un canal privilégié pour la transmission de la pensée, des valeurs et des réflexions profondes sur la société.

Le Sénégal, en dépit de sa petite taille géographique, a toujours occupé une place de choix sur la scène intellectuelle africaine et mondiale. Les intellectuels sénégalais ont largement contribué aux débats sur le post-colonialisme, la négritude, l'intégration africaine, et bien d'autres sujets. Leur influence s'est manifestée dans les domaines de la littérature, de la philosophie, de l'histoire et de la politique. Cheikh Anta Diop, Souleymane Bachir Diagne, Mamadou Diouf, Isaac Yankhoba Ndiaye, Felwine Sarr, Ousmane Sembene, Aminata Sow Fall et j'en passe ont non seulement influencé la pensée en Afrique, mais aussi dans les Caraïbes, en Europe et en Amérique. Leurs œuvres et leurs idées ont été débattues dans des universités, des forums internationaux et des cercles littéraires à travers le monde.

L'héritage laissé par ces intellectuels est colossal. Ils ont jeté des ponts entre les cultures, repensé l'identité africaine à une époque de bouleversements, et ont posé les bases d'un discours panafricain qui continue de résonner aujourd'hui.

Dans l'assiette, la gastronomie sénégalaise est un véritable voyage culinaire, où les saveurs africaines se mêlent aux influences arabes et françaises, offrant des plats aussi délicieux que le *ceebu jën*. La gastronomie sénégalaise est un trésor souvent sous-estimé. Les saveurs, les techniques et les recettes traditionnelles ont un potentiel immense à l'échelle internationale. Leur promotion pourrait attirer non seulement des touristes culinaires, mais également des entrepreneurs souhaitant exporter cette cuisine unique.

La mode sénégalaise, avec ses tissus chatoyants et ses motifs audacieux, est une véritable déclaration d'identité et d'appartenance. Et au cœur de cette identité se trouve la notion de *teranga*, cette hospitalité sénégalaise qui est bien plus qu'une simple courtoisie ; c'est une philosophie de vie.

La lutte, ou *laamb* en wolof, est un affrontement physique entre deux athlètes. Elle est chargée de rituels, de danses et de chants. Chaque combat est précédé de cérémonies mystiques où les lutteurs invoquent des esprits protecteurs et se badigeonnent de potions pour se défendre contre les sortilèges adverses.

Cette forme de combat, bien qu'ancrée dans la tradition, a su évoluer et s'adapter à la modernité. Aujourd'hui, les lutteurs sont non seulement des athlètes de haut niveau, mais aussi de véritables icônes, adulées par des foules en liesse qui les suivent avec passion. Ils incarnent à la fois la force, la virilité, l'honneur et le respect des traditions. La popularité de la lutte au Sénégal est telle qu'elle rivalise, voire dépasse, celle du football. Les arènes se remplissent à la mesure de l'enthousiasme du public, chaque victoire ou défaite étant vécue comme un événement national. Les champions de la lutte, tels que Double Less, Mbaye Guèye, Moustapha Guèye, Tyson, Yékini, Bombardier, Balla Gaye, Modou Lô ou Eumeu Sène, sont des figures de proue, des symboles de réussite qui inspirent la jeunesse sénégalaise.

Ainsi, la lutte sénégalaise est une parfaite illustration de la manière dont le Sénégal valorise et préserve ses traditions tout en les adaptant au monde contemporain. Elle est le reflet d'un pays qui, dans le respect de son passé, se projette résolument vers l'avenir.

L'île de Gorée, dépassant le cadre d'un simple site touristique, est le symbole vivant d'une histoire marquée par la traite négrière transatlantique. Sa valeur ne réside pas uniquement dans son passé, mais aussi dans sa capacité à attirer des chercheurs, des historiens et des touristes. Sa préservation et sa mise en valeur sont essentielles non seulement pour honorer la mémoire, mais également pour les retombées économiques qu'elle peut générer.

L'art, sous toutes ses formes, qu'il s'agisse de la Biennale de Dakar ou de l'artisanat local, est un autre domaine dans lequel le Sénégal se distingue. Ces expressions artistiques, tout en préservant l'authenticité culturelle, ont le potentiel d'attirer des investissements, des amateurs d'art et des touristes, contribuant ainsi directement à l'économie.

En somme, le Sénégal n'est pas un simple pays ; c'est une expérience culturelle, une symbiose de traditions et de modernité, une terre où l'histoire et l'avenir se rencontrent et se côtoient dans une harmonie parfaite.

La valorisation efficace du patrimoine culturel du Sénégal nécessite la mise en place d'institutions robustes et stratégiquement conçues. Ces institutions devraient non seulement préserver et protéger les éléments culturels, mais également promouvoir, diffuser et intégrer la culture dans le tissu du développement socio-économique.

Voici quelques types d'institutions qui pourraient être envisagées :

1. **Centre National du Patrimoine Culturel :** Cette institution aurait la responsabilité de cataloguer, préserver et restaurer les sites historiques, les arts, les traditions et autres éléments du patrimoine culturel sénégalais. Elle serait aussi en charge de la coordination avec l'UNESCO pour la reconnaissance des éléments du patrimoine national.

2. Institut de Formation et de Recherche en Arts et Culture (IFRAC) : Créer un établissement dédié à la formation des professionnels de la culture (artistes, conservateurs, gestionnaires culturels, etc.) permettrait de renforcer la capacité locale à préserver et promouvoir la culture. De plus, cet institut serait un lieu de recherche et d'innovation culturelle.

3. Agence de Promotion Culturelle à l'Étranger : Cette agence aurait pour mission de promouvoir la culture sénégalaise à l'international, facilitant ainsi les échanges culturels, organisant des expositions, des concerts ou des représentations théâtrales à l'étranger, et encourageant les collaborations internationales.

4. Fondation pour le Financement de la Culture : Il s'agit d'une entité autonome qui collaborerait avec le secteur privé, les ONG et d'autres partenaires pour financer des projets culturels. Cette fondation pourrait octroyer des bourses, financer des festivals, soutenir la production et la promotion littéraires et artistiques locales, etc.

5. Commission Nationale du Film et de l'Audiovisuel : Ce serait l'organe principal pour la promotion, le financement et la régulation de l'industrie cinématographique et audiovisuelle sénégalaise. Elle contribuerait également à la formation des professionnels du secteur et à l'organisation de festivals.

6. Conseil du Tourisme Culturel : Cet organe collaborerait étroitement avec le ministère du Tourisme pour mettre en valeur le potentiel culturel du Sénégal en tant que destination touristique. Il s'agirait de développer des circuits culturels, de former des guides spécialisés et de promouvoir le tourisme culturel à l'international.

Ces institutions, bien que distinctes, devraient fonctionner de manière collaborative, sous l'égide éventuellement d'un ministère de la Culture renforcé et doté des moyens nécessaires pour coordonner et superviser ces différentes entités. Leur mise en place nécessiterait des investissements initiaux, mais les retombées économiques et le rayonnement culturel à long terme pourraient largement justifier cet effort.

Sur un autre aspect de la question, il est intéressant de penser au rapport au monde sur le plan culturel. À l'ère de la mondialisation, la tension entre l'homogénéisation culturelle et la préservation de la diversité est palpable. Le sociologue Zygmunt Bauman a parlé de la « modernité liquide », où tout est en flux constant, y compris la culture. Cette fluidité, bien qu'elle offre des possibilités d'interconnexion, présente également le risque d'une uniformisation culturelle. L'enjeu est donc de savoir comment concilier développement et diversité culturelle, évitant ainsi une mondialisation qui éroderait les identités locales. La culture urbaine n'y échapperait pas bien évidemment.

La culture urbaine au Sénégal est un miroir des dynamiques contemporaines qui agitent la nation. Elle est le reflet d'une jeunesse énergique, connectée et créative, s'exprimant par le biais du hip-hop, du *Street Art*, de la mode urbaine et des médias numériques. Cette culture urbaine n'est pas une simple périphérie de la Culture traditionnelle, elle est une composante à part entière de l'identité sénégalaise, incarnant l'aspiration à la modernité tout en portant en elle les racines du passé.

Pour que cette culture urbaine contribue significativement au développement du Sénégal, elle doit être adéquatement valorisée. Cela commence par la reconnaissance institutionnelle de son impact économique et social. Il s'agirait de créer des infrastructures qui vont au-delà des simples espaces de performance ou des galeries d'art :

1. Centres Culturels Urbains Polyvalents : Ces centres seraient des espaces hybrides combinant formation, création et exposition. Ils offriraient des studios d'enregistrement pour les musiciens, des espaces de travail collaboratif pour les artistes visuels, des ateliers de couture pour les designers de mode et des salles de formation pour les futurs entrepreneurs du secteur.

2. Fonds pour la Culture Urbaine : Le fonds dédié à la culture urbaine pourrait être mieux repensé pour financer des initiatives visant à promouvoir des artistes, des événements ou des projets de développement communautaire. Ce fonds fonctionnerait sur une base de subventions ou de prêts à faible taux d'intérêt, encourageant ainsi les entrepreneurs culturels à développer leurs projets de manière durable et sortir de l'assistanat institutionnalisé.

3. Observatoire de la Culture Urbaine : Un tel observatoire aurait pour mission de recueillir des données, d'analyser les tendances et de publier des rapports sur le développement et l'impact de la culture urbaine. Ceci pourrait informer les politiques publiques et les investissements privés dans ce secteur.

4. Programmes de Formation et de Mentorat : Des programmes pourraient être mis en place pour former les jeunes dans des domaines tels que la gestion des arts, la production musicale ou le marketing digital. Ces programmes pourraient être développés en partenariat avec des institutions éducatives et des experts du domaine.

5. Événements internationaux : Le Sénégal pourrait être l'hôte de grands festivals ou de conférences internationales dédiés à la culture urbaine, qui réuniraient des artistes, des entrepreneurs et des académiciens du monde entier. Ces événements serviraient à exposer la culture urbaine sénégalaise à un public international, et à établir des réseaux et des collaborations.

En embrassant sa culture urbaine et en lui offrant les ressources et l'espace pour s'épanouir, le Sénégal ne se contente pas de valoriser une sous-culture, il investit dans une couche vitale de son identité et de son avenir. Cette démarche nécessite une vision stratégique intégrée, un financement adéquat et surtout la reconnaissance de la culture urbaine comme un pilier du développement culturel, économique et social de la nation.

La culture urbaine est devenue une véritable force motrice du développement socio-économique dans diverses régions du monde ; un fait qui pourrait éclairer la stratégie du Sénégal en ce qui concerne la valorisation de sa propre scène urbaine. Aux États-Unis, par exemple, la culture hip-hop et le *Street Art* ont transcendé leur origine marginale pour devenir des exportations culturelles majeures, contribuant ainsi au PIB et à la création d'emplois dans des secteurs comme le divertissement, la mode et l'art. Des institutions comme le «Hip-Hop Education Center» à New York ont même institutionnalisé la recherche et l'éducation autour de cette culture.

En Grande-Bretagne, le genre musical *Grime* a non seulement catapulté des artistes au-devant de la scène internationale, mais a également eu un impact sur le tourisme, les industries de la mode et des médias, créant un écosystème économique autour de ce phénomène culturel. Cela a eu l'effet de donner une voix à une jeunesse autrefois marginalisée, tout en générant d'importants revenus.

En France, la culture urbaine est intégrée dans la politique publique à travers des centres comme «La Place» au cœur de Paris. Ces genres d'initiatives ne se contentent pas de donner une plateforme aux artistes urbains, elles génèrent également de l'emploi et stimulent l'économie locale grâce au tourisme culturel et aux événements comme le festival «Paris Hip-Hop».

Le Japon offre un autre modèle intéressant avec des quartiers comme Shibuya et Harajuku à Tokyo. Ces centres de la mode et de la culture urbaine sont non seulement des destinations touristiques, mais ils créent également une demande pour des produits de niche, favorisant ainsi la petite entreprise et l'innovation dans le design et le marketing.

En Afrique du Sud, les musiques *Kwaito* et *House* ont également eu un impact socio-économique significatif. Des stations de radio aux festivals, ces genres ont réussi à créer un marché, à stimuler l'emploi dans l'industrie du divertissement et à favoriser des collaborations internationales, permettant à des artistes de jouir d'une reconnaissance mondiale.

Ces exemples montrent que la culture urbaine peut être une source inestimable de développement économique et social, à condition qu'elle soit reconnue, soutenue et intégrée de manière stratégique dans la politique nationale. En suivant ces modèles, le Sénégal pourrait non seulement valoriser sa culture urbaine unique, mais également générer de nouvelles opportunités socio-économiques, allant de l'emploi dans les industries créatives à l'amélioration de l'image de marque du pays sur la scène internationale. Il s'agit donc d'un investissement non seulement dans la Culture, mais également dans le tissu socio-économique de la nation.

TROISIÈME PARTIE

LES DÉFIS DE DEMAIN

La jeunesse

La façon dont nous définissons et comprenons la jeunesse est influencée par nos valeurs culturelles, nos normes sociales et nos structures institutionnelles. De cette perspective, la jeunesse n'est pas simplement une période de vie définie par l'âge, mais une catégorie sociale qui est construite et reconstruite à travers le temps et l'espace. Elle est moins une classe d'âge qu'une période de construction et de transition.

La jeunesse sénégalaise est un acteur clé dans le développement de son pays. Avec près de 60 % de la population âgée de moins de 25 ans, elle représente un potentiel considérable pour le Sénégal.

La jeunesse sénégalaise occupe une place centrale dans la construction de l'avenir du pays. Dans ce chapitre, nous explorerons les perspectives qui s'ouvrent à elle et son potentiel en tant qu'acteur clé du développement national. Nous analyserons les enseignements du passé, évaluerons les défis actuels et examinerons les moyens par lesquels la jeunesse peut contribuer à un avenir prospère et éclairé pour le Sénégal.

1. Apprendre du passé : un héritage culturel et historique

L'histoire du Sénégal regorge d'exemples de résilience et de courage parmi ses jeunes citoyens. De la lutte pour l'indépendance aux mouvements sociaux qui ont façonné le pays, le passé offre des leçons inestimables pour la jeunesse. En puisant dans cet héritage culturel et historique, la jeunesse sénégalaise peut trouver l'inspiration nécessaire pour affronter les défis actuels et futurs avec détermination et sagesse.

2. Les défis du présent : emploi, éducation et inégalités

Le présent apporte son lot de défis à la jeunesse sénégalaise. Le taux de chômage élevé, les disparités dans l'accès à l'éducation et les inégalités socio-économiques persistent, entravant le plein potentiel des jeunes. Pour envisager un avenir prospère, il est essentiel de surmonter ces obstacles en investissant dans l'éducation, en favorisant l'entrepreneuriat et en créant des opportunités d'emploi pour tous.

3. Cultiver une vision d'avenir : le pouvoir de l'imagination

Cultiver une vision d'avenir est essentiel pour la jeunesse sénégalaise. Cette vision doit être ancrée dans l'espoir et l'aspiration à un Sénégal prospère et inclusif. En stimulant l'imagination, les jeunes peuvent concevoir des projets novateurs et développer des solutions aux problèmes auxquels le pays est confronté. La créativité et l'innovation sont les catalyseurs d'un futur prometteur.

4. L'engagement civique : un rôle de leader responsable

La jeunesse sénégalaise a le pouvoir de devenir un leader éclairé et responsable. En s'engageant dans la vie civique et politique du pays, elle peut influencer les décisions et les politiques publiques. La prise de conscience de ses droits et devoirs en tant que citoyen est fondamentale pour contribuer à façonner un Sénégal démocratique et prospère.

5. L'union fait la force : la collaboration pour un futur commun

La jeunesse sénégalaise est une force lorsqu'elle agit de manière collective et solidaire. En dépassant les clivages et les divisions, elle peut travailler ensemble pour surmonter les défis complexes du pays. La collaboration entre les différents acteurs de la société est essentielle pour bâtir un futur commun où chaque voix compte et où chaque jeune a la possibilité de s'épanouir.

La jeunesse sénégalaise, héritière d'un passé riche en figures inspirantes et en moments cruciaux de l'histoire du pays, puise dans ces sources d'inspiration pour façonner son avenir. Des personnalités telles que Cheikh Anta Diop, Léopold Sédar Senghor et Mariama Bâ ont marqué leur époque et continuent d'influencer les générations actuelles. De même, des événements clés, tels que la lutte pour l'indépendance, ont forgé l'identité de la jeunesse sénégalaise.

Les écrits de Cheikh Anta Diop, pionnier de l'afrocentrisme, ont profondément influencé la conscience africaine et la quête de l'émancipation intellectuelle. En explorant notre passé, il affirmait : « Le devenir, c'est d'abord le passé, car il n'y a pas de devenir sans passé » (Cheikh Anta Diop, *Civilisation ou barbarie*). Il nous encourage à tirer des leçons du passé pour construire un avenir éclairé.

Léopold Sédar Senghor, poète et homme politique emblématique, a mis en avant la « négritude », un mouvement intellectuel et culturel visant à valoriser la culture africaine et à célébrer la diversité. Il disait : « Je suis multiple, mais je suis un. J'unis la nation multiraciale, une, et fraternelle. Je suis tout. Je suis un. Je suis multiple » (Léopold Sédar Senghor, *Éthiopiques*). Ces paroles nous invitent à embrasser notre diversité et à unir nos forces pour un avenir commun.

Mariama Bâ, figure de proue de la littérature féministe sénégalaise, a ouvert la voie à l'émancipation des femmes dans la société. Dans son roman *Une si longue lettre*, elle déclare : « Le bonheur ne m'était pas interdit. J'avais droit à une part d'amour ». Elle inspire la jeunesse à revendiquer ses droits et à lutter pour l'égalité et la justice.

Outre ces figures inspirantes, des événements historiques tels que la lutte pour l'indépendance ont été des périodes charnières qui ont mobilisé la jeunesse sénégalaise autour de valeurs d'unité et de fierté nationale. « La liberté, c'est aussi de pouvoir choisir soi-même son destin », affirmait le premier Président du Sénégal indépendant, Léopold Sédar Senghor. Ces paroles rappellent que l'indépendance n'est pas seulement une réalisation passée, mais un engagement continu pour la jeunesse d'aujourd'hui.

Fortement inspirée par ces sources, la jeunesse sénégalaise doit maintenant agir de manière concertée et cohérente pour construire son avenir. Voici une séquence d'actions cohérente :

1. S'approprier son histoire : La jeunesse sénégalaise doit approfondir sa connaissance de l'histoire du pays, des figures inspirantes et des moments clés qui ont façonné son identité. Cela passe par l'éducation, la lecture et la recherche.

2. Cultiver la fierté nationale : En valorisant sa culture, son patrimoine et sa diversité, la jeunesse sénégalaise renforce son sentiment d'appartenance à une Nation unie.

3. S'engager dans la vie citoyenne : La jeunesse doit prendre une part active dans les processus politiques et sociaux du pays. Voter, s'impliquer dans des initiatives civiques et participer à des débats publics sont autant de moyens d'agir pour un Sénégal meilleur.

4. Promouvoir l'éducation et l'innovation : Investir dans l'éducation, la formation professionnelle et l'entrepreneuriat permettra à la jeunesse sénégalaise de développer ses compétences et de contribuer au progrès économique du pays.

5. Lutter pour l'égalité des sexes : S'inspirant des écrits de Mariama Bâ et d'autres militantes féministes, la jeunesse sénégalaise doit se mobiliser pour garantir l'égalité des chances et le respect des droits des femmes.

La jeunesse sénégalaise dispose d'un héritage riche et inspirant, ainsi que de modèles de référence pour façonner son avenir. En s'appropriant son histoire, en s'engageant activement dans la vie citoyenne, en promouvant l'éducation et l'innovation, et en luttant pour l'égalité, elle peut tracer un chemin vers un Sénégal prospère, éclairé et solidaire. Seul un effort collectif et cohérent permettra à la jeunesse sénégalaise de réaliser pleinement son potentiel et de contribuer au développement durable de la Nation.

La quête de la jeunesse sénégalaise pour façonner son avenir n'est pas un défi isolé, mais plutôt une quête universelle partagée par les jeunes du monde entier. La jeunesse, quelle que soit sa nation d'origine, est l'incarnation de l'espoir, de l'audace et de la capacité à rêver d'un monde meilleur. En unissant leurs forces, les jeunes de tous horizons peuvent transcender les frontières nationales pour créer un mouvement mondial en faveur d'un futur éclairé et prospère.

Les valeurs qui inspirent la jeunesse sénégalaise, telles que la solidarité, la diversité et l'engagement civique, sont des principes universels que de nombreux jeunes du monde entier partagent. La recherche de l'égalité des chances, de la justice sociale et du respect des droits de l'homme transcende les frontières culturelles et politiques. Les jeunes sont conscients que l'avenir de la planète dépend de leur capacité à agir collectivement pour préserver l'environnement et lutter contre le changement climatique.

La jeunesse universelle a également la responsabilité de créer un monde où les technologies innovantes servent le bien commun et améliorent la vie de tous. L'accès à l'éducation, à l'information et à la santé sont des droits fondamentaux qui doivent être garantis à chaque jeune, indépendamment de son origine géographique.

La solidarité entre les jeunes du monde entier est cruciale pour faire face aux défis mondiaux tels que la pauvreté, les inégalités et les conflits.

L'échange d'idées, de savoirs et de bonnes pratiques entre les jeunes de différentes cultures et nationalités peut générer des solutions novatrices pour relever ces défis communs.

En somme, la jeunesse sénégalaise, avec sa riche histoire et ses figures inspirantes, a la capacité de contribuer à une perspective universelle en s'alliant avec les jeunes du monde entier pour façonner un avenir éclairé et prospère. En unissant leurs forces, en partageant leurs idées et en agissant de manière collective, les jeunes peuvent influencer positivement la trajectoire de la planète et créer un monde plus juste, équitable et durable pour les générations présentes et futures. La quête pour un avenir meilleur transcende les frontières nationales et unit la jeunesse du monde entier dans une vision commune pour l'humanité.

C'est sur le bénéfice de tout ce qui précède que je porte une vision audacieuse pour un avenir prospère de la jeunesse, déclinée en ces points :

1. Révolution éducative : Investir massivement dans l'Éducation en mettant l'accent sur la recherche, la science et la technologie. Créer des partenariats public-privé pour offrir des bourses d'études et des formations spécialisées, et moderniser les infrastructures éducatives pour favoriser l'excellence académique. L'offre éducative doit s'orienter aussi vers la promotion de la formation aux métiers artisanaux traditionnels et modernes, en mettant l'accent sur l'innovation et la commercialisation. Ces programmes permettraient aux jeunes de développer des compétences techniques tout en valorisant les savoir-faire traditionnels et culturels du Sénégal.

2. Encourager l'entrepreneuriat : Créer des incubateurs d'entreprises, des centres d'innovation et des parcs technologiques pour soutenir nos jeunes entrepreneurs. Faciliter l'accès au

financement et aux marchés locaux et internationaux pour stimuler la création de start-ups innovantes. À cet effet, il y a lieu d'intégrer un programme d'éducation à l'entrepreneuriat dès le niveau secondaire, afin d'encourager les jeunes à développer leur esprit d'entreprise et à acquérir des compétences en gestion d'entreprise. Ce programme pourrait inclure des stages en entreprise et des rencontres avec des entrepreneurs locaux pour inspirer les jeunes. Il est nécessaire d'assortir ce programme d'une organisation des marchés et des foires dédiés aux jeunes entrepreneurs, où ils pourraient présenter leurs produits et services innovants. Ces événements stimuleraient l'esprit d'entreprise chez les jeunes tout en leur permettant de développer leur réseau professionnel.

3. Silicon Valley sénégalaise : Développer des zones technologiques et numériques de pointe, avec un accès haut débit à internet dans tout le pays. Offrir des avantages fiscaux aux entreprises technologiques et encourager la recherche et le développement pour positionner le Sénégal en un hub technologique en Afrique. Ce sera en même temps l'occasion de concevoir des Pôles d'Innovation Jeunesse dédiés aux jeunes entrepreneurs dans les grandes villes du Sénégal, qui fourniront des espaces et des infrastructures de travail collaboratif, des ressources technologiques et un accès à un réseau d'experts pour les soutenir dans le développement de leurs projets.

4. Coopération public-privé : Renforcer les partenariats entre le gouvernement, le secteur privé et les universités pour catalyser l'innovation. Créer des fonds d'investissement publics-privés pour financer des projets innovants à fort potentiel.

5. Planification à long terme : Élaborer une vision stratégique pour le développement du pays sur plusieurs décennies en

impliquant activement la jeunesse dans ce processus. Fixer des objectifs ambitieux pour stimuler la croissance économique durable et l'inclusion sociale.

6. Excellence en recherche et développement : Investir davantage dans la recherche scientifique et technologique en favorisant les partenariats internationaux et en encourageant la coopération entre les universités et les entreprises.

7. Culture de l'innovation et de l'audace : Encourager une culture entrepreneuriale audacieuse, où la prise de risques est perçue comme une opportunité d'apprendre et de progresser. Soutenir les jeunes innovateurs à travers des programmes de mentorat et de formation.

8. Protection de la propriété intellectuelle : Renforcer les lois sur la protection des droits de propriété intellectuelle pour encourager l'innovation et permettre aux créateurs sénégalais de bénéficier pleinement de leurs inventions et de leurs créations.

9. Collaboration internationale : Développer des partenariats avec d'autres nations pour échanger des connaissances, des technologies et des bonnes pratiques. Participer activement aux initiatives régionales et internationales pour accélérer le progrès et relever les défis mondiaux.

10. *Empowerment* de la jeunesse : Placer la jeunesse sénégalaise au cœur du développement du pays en impliquant les jeunes dans la prise de décision, en créant des programmes de mentorat et de développement des compétences, et en offrant des opportunités égales pour tous. Cela peut passer par l'érection de plateformes physiques et numériques où les jeunes peuvent exprimer leurs idées, partager leurs opinions et participer activement à la vie

démocratique du pays. Ces plateformes offriraient aux jeunes une voix significative dans les processus de décision et renforceraient leur sentiment d'appartenance à la société.

En mettant en œuvre ce programme politique ambitieux, nous pouvons offrir à la jeunesse sénégalaise les outils et les opportunités nécessaires pour réaliser son plein potentiel et contribuer activement au développement du Sénégal. Ensemble, bâtissons un avenir prospère et prometteur pour notre Nation, en nous inspirant des réussites de la Chine, du Japon et de la Silicon Valley, tout en préservant notre identité et nos valeurs.

Sur le plan des institutions, une réforme en profondeur, ambitieuse et adaptée aux réalités et besoins spécifiques des jeunes, est urgente pour arrimer la jeunesse à notre vie politique.

Voici quelques mesures pour mettre en avant ces institutions :

- **Politique de Jeunesse intégrée** : Élaborer une politique de jeunesse intégrée qui engloberait tous les secteurs de la société, de l'éducation à l'emploi en passant par la santé et la culture. Cette politique permettrait de coordonner les actions des différentes institutions en faveur de la jeunesse et de garantir une approche holistique.

- **Plateforme d'écoute et de dialogue** : Créer une plateforme d'écoute et de dialogue spécialement dédiée aux jeunes. Cette plateforme permettrait aux jeunes de s'exprimer librement sur leurs préoccupations et idées, tout en favorisant un dialogue constructif avec les institutions publiques.

- **Fonds d'investissement pour la jeunesse** : Mettre en place un fonds d'investissement dédié à la jeunesse afin de financer des projets entrepreneuriaux, culturels et sociaux portés par les jeunes.

Ce fonds serait géré de manière transparente et inclusive, impliquant la jeunesse dans le processus de sélection des projets.

- **Programmes de mentorat et de formation** : Développer des programmes de mentorat et de formation pour les jeunes, en collaboration avec les institutions publiques, les entreprises et la société civile. Ces programmes permettraient d'accompagner les jeunes dans leur développement personnel et professionnel, en favorisant leur accès à l'emploi et leur épanouissement.

- **Promotion de la citoyenneté active** : Mettre en œuvre des initiatives visant à encourager la participation civique et l'engagement social des jeunes. Cela pourrait inclure des programmes d'éducation à la citoyenneté, des campagnes de sensibilisation et des actions concrètes pour impliquer les jeunes dans des projets d'intérêt général.

- **Politiques d'inclusion et de diversité** : Veiller à ce que les institutions sénégalaises reflètent la diversité de la jeunesse sénégalaise. Il est important d'assurer une représentation équitable des différentes régions du pays, des femmes et des minorités au sein des institutions pour garantir une prise de décision inclusive et représentative.

En mettant en avant ces institutions, le Sénégal démontrerait son engagement envers sa jeunesse, reconnaissant ainsi le potentiel énorme que représente cette tranche de la population pour le développement du pays. La collaboration étroite entre les institutions, les jeunes et la société civile est essentielle pour assurer la mise en œuvre réussie de ces réformes et garantir une meilleure place à la jeunesse au sein de la Nation. En investissant dans la jeunesse aujourd'hui, le Sénégal assurerait un avenir prospère et dynamique à tous ses citoyens.

Cependant, la jeunesse sénégalaise est confrontée à de nombreux enjeux de développement tels que le manque d'emplois, l'accès limité à l'éducation, à la santé et à l'eau potable. De plus, la croissance économique du pays ne parvient pas à répondre aux besoins de la jeunesse en matière d'emplois, créant ainsi un taux de chômage élevé chez les jeunes.

Ce chômage endémique est une bombe à retardement qui couve des frustrations refoulées par manque de perspectives et de sens, parce que l'oisiveté est mère de tous les vices, de toutes les tentations et surtout le terreau de toutes les déviances. C'est là une réalité proprement inacceptable et paradoxale qui heurte l'esprit pour un continent possédant une réserve aussi impressionnante de jeunes talentueux et créatifs. Ce paradoxe nourrit un désenchantement chez les jeunes.

La jeunesse sénégalaise joue un rôle important dans le phénomène migratoire. De nombreux jeunes Sénégalais quittent leur pays à la recherche d'une vie meilleure, principalement en Europe ou en Amérique du Nord. Les raisons de cette migration sont multiples, notamment la pauvreté, le chômage, l'instabilité politique, la recherche d'éducation ou encore la pression sociale pour réussir à l'étranger.

Cependant, cette migration comporte également des risques, comme la traversée dangereuse de la Méditerranée ou le traitement souvent dégradant des migrants une fois arrivés dans les pays hôtes. En outre, la migration réduit les perspectives de développement économique du Sénégal en favorisant la fuite des esprits les plus créatifs et les plus entreprenants.

Ainsi, il est important de fournir des opportunités éducatives, économiques et professionnelles aux jeunes Sénégalais afin de les dissuader de migrer, tout en améliorant la gouvernance et l'économie du pays pour offrir de meilleures perspectives.

Cette migration, à l'observer sous l'angle sociologique, est une perturbatrice des équilibres familiaux. En effet, selon Nelly Robin : « Il apparaît indéniable que la famille et l'émigré entretiennent une relation ambivalente : la famille suscite le départ, accompagne à distance le parcours migratoire et peut apporter son soutien dans les moments difficiles. En retour, elle attend beaucoup de l'émigré qui, en raison de sa situation économique et administrative souvent précaire dans le pays d'accueil, cherche pour sa part à se préserver des sollicitations multiples »[57]. L'auteure poursuit en donnant à lire comme « l'expression d'une colère sociale qui ne trouve pas à s'exprimer dans l'action politique et les mouvements sociaux. Cette colère, liée tout à la fois aux émotions et à la fonction sociale de l'individu, doit être entendue comme une aspiration à une société plus juste qui sait non seulement organiser la redistribution de biens entre individus, mais également promouvoir et garantir un environnement où les individus trouvent le moyen de se réaliser et d'être reconnus dans leur vie concrète, professionnelle et familiale ».

Un travail méticuleux sur la citoyenneté est probablement une clé de solutions à certains problèmes de la jeunesse. Il faut dans cette occurrence relever que la jeunesse et la citoyenneté sont des sujets importants au Sénégal. Les jeunes représentent une grande partie de la population sénégalaise et sont souvent les moteurs du changement social, politique et économique dans le pays.

Cependant, malgré leur nombre et leur potentiel, les jeunes rencontrent souvent des obstacles pour participer pleinement à la vie citoyenne du pays. Il y a des défis tels que le manque de ressources pour l'éducation, l'emploi et la participation politique. En entendant le citoyen tel « un produit

[57] https://www.lepoint.fr/afrique/senegal-l-emigration-des-jeunes-un-nouvel-enjeu-social-26-11-2020-2402826_3826.php#11

résultant d'une prise de conscience de son rôle, de la connaissance de soi par le biais de son héritage socio-culturel et par-dessus tout, l'éthique et la responsabilité d'accomplir ce rôle »[58], on peut construire divers programmes et initiatives destinés à renforcer la participation des jeunes à la vie citoyenne. Le gouvernement, les organisations de jeunes et les ONG travaillent ensemble pour offrir des opportunités de formation, de renforcement des compétences citoyennes, de mobilisation et de participation. L'idée est de déloger l'engagement citoyen du strict champ de la contestation pour le fonder sur « les valeurs du volontariat, du bénévolat et du don de soi pour le groupe ».

En outre, des efforts sont faits pour encourager les jeunes à s'engager dans le processus électoral, en votant et en se portant candidats lors des élections locales et nationales. En somme, la jeunesse et la citoyenneté sont des enjeux primordiaux au Sénégal, et des actions sont menées pour améliorer la participation et l'implication des jeunes dans la vie sociale, politique et économique de leur pays. Les jeunes jouent donc un rôle important dans la vie politique du pays.

Plusieurs mouvements et organisations de jeunesse sénégalaise se sont créés au cours des dernières années pour faire entendre leur voix et promouvoir la participation politique des jeunes. Cela comprend des organisations de jeunes affiliées aux différents partis politiques du pays, ainsi que des organisations indépendantes qui cherchent à promouvoir les intérêts des jeunes quelle que soit leur affiliation politique. Les jeunes Sénégalais ont également été impliqués dans plusieurs mouvements et manifestations politiques au cours des dernières années, notamment en 2012 pour protester contre la candidature du Président sortant Abdoulaye

---

[58] https://lequotidien.sn/regard-sur-lengagement-citoyen-des-jeunes-au-senegal/, 21 juillet 2020.

Wade à un troisième mandat présidentiel, et en 2019 pour manifester contre la gestion économique et sociale du pays.

C'est dire donc que la jeunesse sénégalaise est une force politique importante dans le pays et sa participation continue de jouer un rôle clé dans la vie politique du Sénégal.

La jeunesse africaine est connectée au monde. Le taux de pénétration de la téléphonie mobile est aujourd'hui de plus de 50 %, ce qui représente un doublement en moins de dix ans. La jeunesse s'est tout à fait saisie de cette mutation majeure et se l'est appropriée. Plus éduquée, plus internationale, plus connectée sur les réseaux sociaux dont on a vu la puissance lors du Printemps arabe et lors de tous les bouleversements politiques récemment intervenus en Afrique, la jeunesse exprime des attentes fortes et disruptives quant aux choix politiques et sociaux des sociétés et veut surtout y jouer sa pleine partition, consciente qu'elle est que les options d'aujourd'hui seront ses engagements de demain. Son ouverture au monde, et surtout sa revendication à une participation plus active, est l'un des facteurs favorisant une plus grande mobilisation de la jeunesse en faveur du développement de leur pays.

S'il est une préoccupation importante, l'emploi n'est pas l'alpha et l'oméga des aspirations des jeunes Africains qui expriment de plus en plus d'attentes en matière d'engagement citoyen et d'éthique. Il faut cependant constater que les jeunes sont sous-représentés dans la vie politique du Continent, ce qui, compte tenu de leur poids démographique grandissant, constitue une sorte d'anomalie. Ils ont également un rôle à jouer pour dynamiser la société civile, au travers des associations, par exemple, domaine peu investi par les générations précédentes. La culture et le sport, qui concernent sans doute la jeunesse au premier chef, sont aussi des vecteurs importants d'épanouissement personnel et de cohésion sociale, notamment dans les pays en prise directe aux violences ou aux conflits armés.

Aujourd'hui, la plupart des décideurs politiques et des experts en éducation se posent la question suivante : comment la région pourrait-elle repenser et réajuster le développement des compétences de la jeunesse africaine et renouveler son engagement en faveur de cet enjeu ?

La jeunesse, qui recouvre une réalité très diverse au point qu'il est plus indiqué de parler des jeunes ou des jeunesses, est l'un des éléments clés des sociétés. D'ailleurs, la notion de « jeune » est une catégorie valise qui englobe des réalités très différentes, souvent stéréotypées, devenue une catégorie d'action publique sans qu'une définition précise lui soit donnée (Bonnefoy, Catusse ; 2013). Toute sa centralité et sa multiplicité sont les clés de compréhension des enjeux qui la concernent.

La jeunesse est souvent associée à l'innovation, à la créativité et à l'audace, qui sont des éléments clés pour le développement et la transformation sociale. Les jeunes sont souvent plus ouverts aux nouvelles idées, aux technologies de pointe et aux modes de pensée différents, ce qui peut stimuler la créativité et encourager l'innovation.

Pour surmonter ces défis, le gouvernement sénégalais a mis en place des stratégies de développement diverses pour promouvoir l'éducation et la formation, ainsi que pour créer des opportunités d'emplois décents pour les jeunes. En outre, les organisations nationales et internationales travaillent également avec les jeunes Sénégalais pour les aider à acquérir les compétences nécessaires pour devenir des acteurs de développement efficaces et pour promouvoir leur participation active dans la société.

En somme, la jeunesse sénégalaise joue un rôle capital dans le développement du Sénégal. Les acteurs nationaux et internationaux devraient poursuivre leurs efforts pour aider les jeunes à surmonter les défis auxquels ils sont confrontés et pour exploiter leur potentiel afin de bâtir un Sénégal plus dynamique et plus prospère pour tous.

Il faut dire en vérité que la question de la jeunesse reste irrésolue et ce n'est pas faute de tentatives de toutes sortes. C'est que la question est évolutive et fuyante et ne se laisse pas saisir avec confort tellement elle s'ouvre sur des difficultés plurielles. La question de l'employabilité des jeunes est centrale. On peut envisager d'offrir aux jeunes la possibilité de bénéficier de crédits, ce qui passerait par la mise en place d'institutions appropriées et par la formulation de plans, de programmes et d'ensembles de mesures visant à aider les jeunes sans emploi ou moins privilégiés à acquérir des compétences pertinentes et à participer au marché du travail. On peut aussi prévenir les abandons précoces de l'école, renforcer le lien entre l'éducation et la formation et le marché du travail et, partant, améliorer l'employabilité des jeunes et des jeunes défavorisés. L'idée est la mise en place de programmes actifs pour le marché du travail ciblant en particulier les jeunes vulnérables.

La démarche innovante serait de penser les jeunes femmes et les jeunes hommes comme apportant d'importantes contributions en tant que travailleurs productifs, entrepreneurs et consommateurs. En effet, les jeunes apportent à l'économie une énergie, un talent et une créativité que personne ne peut se permettre de gaspiller dans la mesure où leurs actions sont les bases structurantes des économies de demain. Il y a du reste un réel bénéfice à tirer d'un emploi décent pour les jeunes. Selon le Bureau international du travail, « l'accès au travail productif et décent est la meilleure façon pour les jeunes de réaliser leurs rêves, d'améliorer leurs conditions de vie et de participer activement à la société. L'accès à un travail décent procure aux jeunes des avantages substantiels en termes d'augmentation de revenus, de participation à la vie démocratique, de sécurité et de stabilité politique. Cela stimule aussi l'activité économique en permettant aux jeunes d'être des consommateurs, des épargnants et des contribuables qui fournissent l'énergie, l'innovation et la créativité susceptibles d'attirer les investissements nationaux et étrangers »[59].

[59] BIT, « L'emploi des jeunes : un objectif mondial, un défi national ».

LE SÉNÉGAL DU PÉTROLE

Le Sénégal qui vient sera le Sénégal du pétrole. Cette ressource prodigieuse est source de fantasmes, d'exagération et d'attentes. La conjoncture économique est fortement dégradée par un contexte mondial marqué par de multiples phénomènes : renchérissement des matières premières et inflation, perturbation des échanges commerciaux, des chaînes d'approvisionnement et des transferts de fonds, flux de réfugiés, perte de confiance et incertitude avec à la clé la déstabilisation des marchés émergents. Ce tableau peu reluisant exacerbe les difficultés quotidiennes des ménages. Du coup, une forte demande sociale et des attentes multiformes d'amélioration du niveau de vie fleurissent. Il n'est pas sûr que tous ces espoirs ne soient pas déçus en ce que, d'une part, les revenus projetés qui seront tirés de l'exploitation du pétrole ne sont pas démesurés, et d'autre part, le pétrole charrie dans certaines conditions des désarticulations économiques et sociales assez perturbantes. Ce qui fait s'interroger sur le point de savoir si le pétrole sera une malédiction ou une bénédiction.

Une malédiction parce que dans beaucoup de pays, la ressource pétrolière n'a pas toujours correspondu avec aisance. Si la demande accrue de pétrole et de gaz génère en effet des flux financiers considérables, on constate avec T. L. Karl que « l'exploitation d'hydrocarbures tend à fragiliser le tissu économique, la cohésion sociale et les institutions politiques des pays producteurs créant un "paradoxe de l'abondance". De manière improbable, l'exploitation des richesses du sous-sol est souvent associée à la misère des populations locales, à la mauvaise gouvernance et à la dégradation de l'environnement »[60]. Il y a même un impact de la production et des réserves pétrolières sur l'occurrence des conflits dans certains pays africains. En soi, le pétrole n'est pas en cause, mais des facteurs conjoints et induits sont à l'œuvre pour en faire une véritable malédiction.

En effet, la faiblesse des institutions est en première ligne des facteurs qui peuvent agir de sorte que la rente pétrolière opère comme une sorte de feu vert donné à l'irresponsabilité budgétaire, au clientélisme et au report des réformes structurelles. Cette situation procède d'une logique humaine assez banale qui fait qu'une telle abondance de ressources rend moins exigeant sur les critères de rentabilité des investissements envisagés. Un manque de rigueur désastreux, car chaque retournement du prix du pétrole se traduit par des difficultés en termes d'équilibre budgétaire et d'équilibre commercial (les recettes liées au pétrole ne permettent plus de couvrir le service de la dette).

Par ailleurs, la littérature spécialisée a mis en lumière des mécanismes macro-économiques d'appauvrissement à l'œuvre et induits par le pétrole. Cette mécanique s'enclenche en 4 étapes :

1. L'industrie pétrolière emploie peu de monde par rapport à sa place dans le PIB (le secteur est très capitalistique), mais le niveau élevé des salaires tend à se diffuser dans le reste de l'économie, au détriment de l'emploi et de la compétitivité du pays. Un boom pétrolier ne permet pas d'absorber le chômage lié aux difficultés auxquelles doivent faire face d'autres secteurs économiques plus intensifs en main-d'œuvre (secteur textile, par exemple).

---

[60] T. L. Karl, *The Paradox of Plenty: Oil Booms and Petro-States*, Berkeley, University of California Press, 1997, 342 p.

2. Dans le même mouvement, les exportations favorisent une surévaluation de la monnaie nationale. Le taux de change réel s'apprécie soit via la hausse des prix intérieurs si le taux de change est fixe, soit via une progression du taux de change nominal si le taux de change est flexible. Dans les deux cas, la compétitivité du secteur des exportations traditionnelles est une deuxième fois compromise. La hausse massive des recettes d'exportations de pétrole, par exemple, a pour effet l'appréciation de la monnaie nationale. En conséquence, les autres secteurs d'exportations et d'activités soumis à la concurrence internationale perdent en compétitivité, avec des faillites et des pertes d'emplois à la clé.

3. Les ressources (capital et travail) s'orientent vers la production de biens intérieurs non échangés (pour satisfaire l'augmentation de la demande intérieure) et vers le secteur pétrolier en expansion. Ces transferts pénalisent le secteur des exportations traditionnelles ; c'est « l'effet du mouvement des ressources ».

4. Le budget entre dans une phase d'instabilité en devenant dépendant des recettes pétrolières. Or, ces revenus sont arrimés au prix du baril, qui est variable.

Sur le plan social, la redistribution ne s'opère pas. Les revenus pétroliers sont accaparés par une minorité, dans la mesure où l'économie pétrolière appelle de gros investissements et des spécialisations pointues que tout le monde n'a pas. Dès lors, une majorité est évincée de la manne, provoquant une explosion des inégalités (le cas est fréquent dans les pays exportateurs peu peuplés). Le scénario opposé n'est pas plus heureux ; il consisterait en une distribution copieuse des revenus, pour des motifs de paix sociale (le plus souvent, via la création d'une fonction publique pléthorique), et alors ils peuvent contrarier les efforts de chacun.

Il s'y ajoute que les activités de l'industrie extractive et la consommation d'hydrocarbures retentissent négativement sur l'environnement. En effet, la machinerie infrastructurelle (installations de pompage, les pipelines, les raffineries…) occasionne des déforestations, des déplacements forcés de populations, des pollutions et d'autres atteintes graves à l'environnement. L'exploitation du pétrole, notamment offshore, comme au Sénégal, peut gravement endommager les ressources marines et côtières. Précisément, une grande partie de la zone côtière et marine, y compris des zones primordiales de biodiversité, des zones de pêche clés et des sites de tourisme importants, a été divisée en blocs ouverts aux activités d'exploration pétrolière et gazière. Pour pallier un désastre, « le Sénégal a donc l'obligation de protéger ses potentialités marines et côtières afin de réduire les impacts environnementaux relatifs à l'exploitation du pétrole et du gaz. Ainsi le gouvernement devrait, entre autres, adopter une politique de "mers propres et poissons propres" visant à protéger le milieu marin et côtier ainsi que la commercialité des produits halieutiques locaux »[61]. Le préjudice écologique qu'il recouvre, indépendamment de ses répercussions sur les personnes et/ou les biens, qui peut résulter de cette exploitation, est irréversible et difficilement réparable. En effet, la réparation du préjudice écologique dérivé ne présente pas de réel intérêt juridique, du moins en matière de protection de l'environnement, puisqu'elle ne permet finalement d'obtenir indemnisation que de préjudices qui sont, somme toute, très classiques et qui, à ce titre, étaient déjà indemnisables.

Les conséquences, sur les personnes ou sur les biens, d'une atteinte à l'environnement sont de même nature que celles qui proviennent d'une

---

[61] Greenpeace Africa, « Exploitation pétrolière et gazière au Sénégal : de nouvelles menaces sur les écosystèmes marins et côtiers », https://www.greenpeace.org/africa/fr/les-blogs/2251/exploitation-petroliere-et-gaziere-au-senegal-de-nouvelles-menaces-sur-les-ecosystemes-marins-et-cotiers/

atteinte ayant une tout autre cause. Mais comment réparer les atteintes au sol (contamination, érosion, glissement), les atteintes à l'air ou à l'atmosphère (modification de la composition de l'air) ou encore les atteintes aux espèces (éradication ou raréfaction d'une espèce animale ou végétale) ?

Si la réparation, qui est la conséquence d'une responsabilité, se réalise en nature ou par équivalent dans l'idée de rétablir un équilibre rompu ou de ramener les choses dans leur état d'avant la survenance du dommage, il est difficilement envisageable de réparer un préjudice écologique lorsque par exemple une espèce a été éradiquée ; comment replacer la nature dans son état d'avant la survenance du dommage ? De fait, seule la prévention est efficace pour traiter le dommage écologique en s'assurant de minimiser les risques de sa survenance. Cette prévention est un point pivot pour allier une exploitation des hydrocarbures au respect de l'environnement.

Le remède le plus efficace est simple, mais radical : il consiste à ne pas injecter l'essentiel des recettes pétrolières dans l'économie du pays. L'argent est épargné pour de plus mauvais jours – ou au moins pour lisser les effets de la volatilité des cours. C'est dans cette occurrence que le Sénégal a préparé un arsenal juridique très structuré pour encadrer l'exploitation du pétrole. La structure de cette règlementation part d'une affectation de la propriété des ressources au peuple au travers d'une vigoureuse disposition constitutionnelle.

Il s'agit d'une législation de parti pris au service d'une ambition, celle, d'une part, de faire profiter la population de tous les bénéfices tirés de l'exploitation du pétrole et du gaz, et celle, d'autre part, de conjurer toutes les causes de la malédiction du pétrole. La Constitution, de façon péremptoire et massive, déclare que « les ressources naturelles appartiennent au peuple. Elles sont utilisées pour l'amélioration de ses conditions de vie. L'exploitation et la gestion des ressources naturelles doivent se faire dans la transparence et de façon à générer une croissance économique, à promouvoir le bien-être de la population en général et à être écologiquement durables ». Cette disposition est reprise par l'article 5 du Code minier qui dispose : « tous les gisements et accumulations naturelles d'hydrocarbures sur le territoire de la République du Sénégal sont la propriété du peuple sénégalais ». Il s'agit par ce texte d'asseoir la totale souveraineté du peuple sur les ressources naturelles.

De façon immédiate, il s'entend de cette disposition que le Sénégal veut prévenir toute spoliation de cette ressource au profit d'intérêts particuliers. On sait que l'industrie pétrolière, projetée sur un champ d'action international où la taille compte, est fortement oligopolistique et intégrée verticalement. Seule une poignée de firmes ou de groupes peut s'engager dans la gamme des métiers pétroliers, de la recherche à la pétrochimie. Il n'en reste pas moins que l'expérience d'autres pays démontre que si une législation forte et protectrice des intérêts nationaux n'est pas érigée, le risque est fort de créer une dépendance, mais surtout une exclusion des populations. De fait, le pétrole est une ressource stratégique qui doit profiter en première ligne à la nation dans tous ses compartiments, si bien qu'une préférence nationale est retenue, qui oblige que « les biens et services » liés aux activités gazières et pétrolières soient fournis par des entreprises sénégalaises. C'est une manière d'augmenter la valeur ajoutée locale et la création d'emplois locaux dans la chaîne de valeur des industries pétrolières et gazières grâce à l'utilisation de l'expertise ainsi que des biens et services locaux.

Seulement, cette règle n'est pas absolue ; elle l'aurait été, on se retrouverait dans une impasse lorsque la compétence requise ne se trouve pas chez les nationaux. Ainsi, en l'absence d'une compétence nationale, la loi prévoit une règle supplétive qui consiste en un recours à une compétence étrangère. Pour autant, ce recours à la compétence étrangère est transitoire en ce que la loi sur le contenu local cherche à favoriser le développement d'une main-d'œuvre locale qualifiée et compétitive et à accroître les capacités nationales dans la chaîne de valeur de l'industrie pétrolière et gazière par l'éducation, la formation, le transfert de technologie et de savoir-faire et la recherche-développement. Par ailleurs, le Sénégal dispose déjà des compétences de base dans les domaines de la géologie, de l'ingénierie, de l'informatique, de la biologie, de la finance, du droit, etc.

Néanmoins, compte tenu des technicités spécifiques en jeu dans ce secteur, la formation est un levier incontournable pour assurer la parfaite intégration des travailleurs sénégalais. À cet effet, en 2017, l'Institut National du Pétrole et du Gaz (INPG) a été créé avec la vocation de développer l'expertise nationale, notamment en ingénierie, économie et management du pétrole et du gaz, mais également de contribuer au renforcement de capacités des agents de l'administration.

À terme, des ingénieurs spécialisés « made in Sénégal » superviseront les productions, le forage, la construction ou encore la maintenance des puits offshore. Les techniciens, les ouvriers et les autres employés des services pétroliers vont suivre ce fil de formation. Selon les estimations, 10 000 emplois directs devraient être créés pour exploiter les ressources au Sénégal.

La préférence nationale se manifeste aussi avec des dispositions particulières qui promeuvent la participation du capital sénégalais dans l'exploitation. Une obligation de créer une société de droit sénégalais avec un capital ouvert aux investisseurs sénégalais est prévue. La loi n° 2019-04 fixe en son article 8.3 deux prérequis institutionnels s'inscrivant dans une logique de promotion du contenu local en exigeant que « tout investisseur désirant intervenir comme prestataire de services ou fournisseur doit créer une entreprise de droit sénégalais immatriculée au registre du commerce et du crédit mobilier », et que « le capital de ladite entreprise soit ouvert aux investisseurs sénégalais selon les modalités fixées par le décret n° 2021-249 du 22 février 2021 ».

Le taux de participation des investisseurs sénégalais au capital des entreprises est clairement détaillé dans l'annexe classifiant les différentes activités pétrolières et gazières, qui indique le pourcentage de capital minimum leur étant réservé.

L'annexe précise également le pourcentage de personnel local minimum devant être employé en fonction du régime et de la catégorie de biens et services.

Conformément à la loi n° 2019-04, le CNSCL se réserve le droit de faire évoluer ces pourcentages de détention.

L'applicabilité de la règlementation sénégalaise sur le contenu local est questionnée par l'existence de traités d'investissement signés par le Sénégal avec des États étrangers qui feraient obstacle à la soumission à des obligations de contenu local aux investisseurs étrangers. Cependant, l'obstacle n'est qu'apparent dans la mesure où « il existe, en effet, en matière d'accueil de l'investissement international une règle de base universelle, corollaire de la souveraineté étatique, qui est que chaque État demeure libre de déterminer les conditions par lesquelles il accueille les investisseurs étrangers sur son territoire. Il peut en effet assujettir leur entrée sur son territoire à des obligations diverses liées à ses objectifs de politique économique et c'est seulement lorsque l'investisseur étranger aura rempli lesdites obligations qu'il pourrait prétendre à une égalité de traitement avec les investisseurs nationaux »[62]. Autrement dit, l'État du Sénégal ne

[62] Assane Seck, « Contenu local et traités d'investissement au Sénégal. Cohabitation harmonieuse ou incompatibilité d'humeurs ? », https://ceracle.com/wp-content/uploads/2020/03/Contenu-local-et-trait%C3%A9s-dinvestissement-au-S%C3%A9n%C3%A9gal-Assane-SECK-1.pdf

contrevient pas à ses engagements internationaux concernant le traitement équitable des investisseurs étrangers en accordant la priorité aux nationaux. En effet, la souveraineté étatique offre la possibilité à chaque État d'organiser les conditions d'exercice d'une activité économique sur son territoire nonobstant un dispositif international, notamment en assortissant des conditionnalités diverses à une telle installation. Et le corrélat juridique en est que la satisfaction de ces conditions peut être reliée à la règlementation sur le contenu local.

Au Sénégal, aucun projet pétrolier ou gazier ne peut démarrer sans une étude d'impact environnemental et social validée par le ministère de l'Environnement. Cette étude permet de mettre en évidence les risques environnementaux et sociaux, surtout au niveau des zones susceptibles d'être impactées, afin de pouvoir les adresser grâce à un plan de mitigation. Ce plan de gestion environnemental fait l'objet d'une surveillance par l'opérateur, mais aussi d'un suivi par les administrations concernées sous la coordination du ministère de l'Environnement.

L'énergie est devenue un enjeu économique et stratégique majeur, symbole et mesure du succès du développement, aussi bien dans les pays à économie développée que dans les pays en voie de développement. Il s'y incorpore des enjeux stratégiques menant à une bataille planétaire. Une double prise de conscience vient ajouter à la complexité de la donne énergétique : d'une part, les ressources énergétiques fossiles ne sont pas illimitées, leur consommation sans précaution entraînerait leur raréfaction et l'augmentation de leur coût, la concentration des ressources les plus importantes dans certaines zones géographiques peut entraîner de graves crises économiques et politiques ; d'autre part, le contexte environnemental préoccupant qui menace l'espèce humaine de disparition invite à la décroissance, aux énergies renouvelables ou même à l'abandon de l'exploitation.

Le Sénégal inaugure une ère nouvelle et les attentes parfois fantasmées ainsi que les menaces de malédictions qui pèsent sur cette ressource doivent inviter à la plus grande prudence. S'il est vrai que sur le plan juridique, l'architecture réglementaire offre certaines garanties qui sont de nature à prémunir de certaines dérives, le projet de loi relative à la répartition et à l'encadrement de la gestion des recettes issues de l'exploitation des hydrocarbures a été réalisé en s'articulant autour de quatre grands principes :

- la budgétisation intégrale des recettes fiscales et non fiscales tirées de l'exploitation des hydrocarbures ;
- l'interdiction de toute cession anticipée des ressources d'hydrocarbures et/ou toute sûreté anticipée sur ces ressources ;
- la création d'un Fonds de stabilisation ;
- et la création d'un Fonds intergénérationnel.

Il reste que le tout n'est pas dans la loi. D'autres éléments interfèrent et doivent être correctement pris en charge. Les attentes des Sénégalais de jours meilleurs pour améliorer leur niveau de vie, accéder aux services sociaux de base et à une éducation de qualité sont parfaitement légitimes. Combattre les fragilités, les vulnérabilités et la pauvreté est un but normal de toute action gouvernementale. La demande sociale, concept assez flou et aux interprétations multiples, n'est pas une notion unitaire parce que chaque secteur de l'activité humaine porte une demande spécifique. Elle se confond parfois avec les droits économiques, sociaux et environnementaux d'une population ou peut-être parce qu'une population est en droit d'attendre une satisfaction en provenance de son État. Dans tous les cas, la demande sociale est plurielle et multiforme et chaque fois qu'un besoin est satisfait, un autre renaît, si bien qu'il n'est pas possible de circonscrire tout le spectre de cette demande qui, tel un phœnix, renaît toujours de ses cendres. C'est donc une adresse formulée qui demande satisfaction. Elle fait directement écho au rôle de l'État.

Plusieurs opinions très diverses sur les rôles de l'État s'entrechoquent, allant de celles qui restreignent au maximum le pouvoir de l'État et ne concèdent à celui-ci que l'accomplissement de tâches de police, à celles qui prônent l'État total, qui doit faire le bonheur des hommes, contre leur gré au besoin. Au Sénégal, l'État obéit au deuxième versant de cette alternative, il y est perçu comme devant satisfaire tous les besoins et toutes les attentes, un État-providence avec un rôle prépondérant dans la vie sociale et économique au nom d'impératifs sociaux. La finalité de l'État est axée sur la nécessité d'une intervention pour parvenir à s'occuper du bien-être social des citoyens. Cette perception enjoint l'État sénégalais, en plus de ses fonctions régaliennes, de mettre en place un système de prestations ou d'aides sociales et des dispositifs d'accompagnement individualisés répondant aux attentes.

Seulement, les ressources pétrolières ne sont pas incommensurables, elles sont d'ailleurs assez limitées et ne changeront pas du tout au tout le quotidien des Sénégalais. En effet, « il est peu probable que le secteur des hydrocarbures transforme les finances publiques et l'économie sénégalaise. Les champs qui ont reçu une décision finale d'investissement ne génèreront probablement pas de recettes supérieures à 3 % du PIB »[63].

Les ressources en gaz du Sénégal sont estimées à 1120 milliards de mètres cubes pour 4 gisements, dont l'un (Grand tortue Ameyim, d'une capacité de 560 milliards de mètres cubes) en cogestion avec la Mauritanie.

---

[63] William Davis, Andrew Bauer et Papa Daouda A. Diène, « La gestion des revenus pétroliers et gaziers du Sénégal », décembre 2021, https://resourcegovernance.org/sites/default/files/documents/la_gestion_des_revenus_petroliers_et_gaziers_du_senegal_0.pdf

Pour le pétrole, elles sont de 1030 millions de barils sur 4 gisements en cours d'exploitation. Les premiers mètres cubes et barils sont attendus dans le courant de 2023. Des recettes de 700 milliards de francs CFA par an sont prévues selon le ministre des Finances avec l'exploitation des ressources en pétrole et gaz. « Le pays va connaître à partir de 2024 une croissance de 10,3 %. »

Si bien que les revenus qui seront générés ouvrent d'importantes possibilités d'accélérer le développement du pays par l'augmentation des investissements publics. Une discussion importante surgit sur la manière de gérer ces revenus. Pour certains, le Sénégal devrait envisager sinon d'investir ces fonds à travers le budget général, du moins d'appliquer une règle limitant les dépenses publiques ou une règle d'équilibre courant hors ressources naturelles dans la perspective d'empêcher ou de compromettre l'épargne des revenus tirés des ressources naturelles en enregistrant un déficit dans d'autres domaines, associés à une règle de croissance des dépenses en capital qui impose l'investissement. Pour d'autres, la mise en place d'un fonds souverain serait la démarche idoine. Le Sénégal a choisi la seconde option en prévoyant que le FONSIS, le Fonds d'investissement stratégique de l'État sénégalais, qui sera remanié, gère un nouveau fonds « intergénérationnel » qui investirait les revenus des hydrocarbures au profit des générations futures. Le Sénégal prévoit également de créer un « fonds de stabilisation » distinct, qui visera à atténuer les chocs économiques à court terme (et, vraisemblablement, à investir dans des actifs plus liquides), dont la gestion ne serait pas confiée au FONSIS.

Cette option retenue par le Sénégal, qui s'autorise une dynamique d'anticipation, inspirée des meilleures pratiques de pays qui nous ont précédés sur ce terrain et apprise des succès et des erreurs tirées de ces expériences, devra pour une meilleure performance tenir compte des recommandations suivantes :

- séparer les investissements nationaux du FONSIS de sa gestion des recettes tirées du secteur extractif (les revenus extractifs investis dans le pays passent par le budget national, plutôt que d'être sélectionnés par le Fonds) ;
- s'assurer que le FONSIS a la capacité de gérer le fonds intergénérationnel ;
- interdire certains investissements à risque ;
- assurer la transparence et la redevabilité.[64]

Ainsi, le Sénégal doit tenir compte des mutations actuelles et à venir dans l'industrie du pétrole et du gaz afin d'assurer une exploitation optimale de ces ressources naturelles.

[64] *Ibid.*

LES ÉVOLUTIONS GÉNÉTIQUES

Une dystopie presque prémonitoire décrit un futur avec des traits exagérés, mais terriblement réalistes, si on observe les changements à l'œuvre induits par la génétique.

Dans *Le meilleur des mondes,* célèbre dystopie publiée en 1932, Aldous Huxley imagine un futur possible : une société eugéniste où la natalité serait sous le contrôle des scientifiques. Dans ce nouvel État imaginaire, les bébés naissent en éprouvette. Les embryons sont désormais génétiquement modifiés afin de créer des hommes et des femmes en plusieurs groupes uniformes selon un système de castes : les Alpha, les Bêta, les Gamma, les Epsilon et les Delta. Ils sont ensuite élevés, tel du bétail, dans des centres de conditionnement qui fixent leur rôle social une bonne fois. Le souvenir d'un monde où les bébés naissaient d'une mère et d'un père et où ils étaient élevés dans des familles a disparu de la mémoire collective. La reproduction sexuée telle qu'on la conçoit n'est plus qu'une ligne dans des livres d'histoire. Les êtres humains sont tous créés et testés en laboratoire, les fœtus y évoluent dans des flacons, et sont déterminés, programmés et conditionnés durant leur enfance. Les traitements que subissent les embryons au cours de leur développement déterminent leur future position dans la hiérarchie sociale. Ils sont au début ce qu'ils seront à la fin sans possibilité d'évoluer autrement que par le conditionnement initial.

Les prédictions terrifiantes de cet ouvrage sont à portée de la science et presque sur le point de se réaliser à la faveur des avancées de la génétique, cette science qui étudie les lois de l'hérédité et le support de la transmission héréditaire : le gène.

Le danger pour l'Homme ne vient pas de la connaissance scientifique, mais de l'utilisation que certains peuvent en faire. Rabelais disait : « Science sans conscience n'est que ruine de l'âme ». Les pratiques transgressives, scientifiquement envisageables, mais réprouvables sur le plan éthique, ne trouvent aucune limite en dehors de la conscience de l'homme. Le droit ne sera pas d'un grand secours dans la mesure où, si certains pays disposent d'un corpus légal très dissuasif, d'autres sont plus permissifs et d'autres n'envisagent pas la question sous l'angle juridique.

Dans beaucoup de pays africains, cette question est liée à une post-modernité assez lointaine des préoccupations de survie, mais elles risquent de venir massivement sur nos terres et par la mauvaise entrée ; l'Afrique risque d'être un grand laboratoire d'essais à ciel ouvert où des tests de toutes sortes peuvent se dérouler clandestinement ou même parfois avec l'aval de fonctionnaires corrompus. Ainsi, les digues normatives sur l'exceptionnalisme génétique ne résistent pas à une poussée scientifique désincarnée ou soutenue par des forces capitalistiques. Or, l'exceptionnalisme génétique qui considère que l'information génétique n'est pas une information comme les autres et que son traitement doit obéir à des règles particulières strictement encadrées doit reposer sur une interdiction fondamentale. Autrement dit, toute action sur le gène doit être interdite par principe, sauf dans certains cas. C'est dire que la législation qui devra s'y rapporter devra être finaliste et téléologique, des finalités claires et nécessaires devront gouverner l'activité sur le gène. Cette précaution est assez utile, particulièrement si on jette un œil sur la technologie CRISPR-Cas9.

La technologie génétique CRISPR-Cas9, apparue en 2012, permet de jouer avec le vivant comme avec une pâte à modeler. Aline Richard

Zivohlava, dans son livre *La saga Crispr, la révolution génétique qui va changer notre espèce*, décrit cette technologie ainsi qu'il suit :

> « On peut comparer CRISPR à une sorte de machine à coudre programmable. Une partie du système est un guide fait d'ARN (une molécule), qui place des marqueurs à l'endroit du génome qu'il souhaite modifier. L'autre partie est un *ciseau*, une enzyme coupeuse, qui s'appelle CAS9. Son rôle est de couper l'ADN là où se trouvent les marqueurs. Une fois coupé, un processus naturel de réparation de l'ADN se met en place. C'est une forme de rabotage peu précis, mais suffisant pour inactiver un gène. On peut ainsi utiliser CRISPR pour supprimer le gène d'un champignon qui le fait noircir lorsqu'il est manipulé. L'autre utilité de CRISPR est de rajouter une caractéristique génétique à une espèce. Dans ce cas, la réparation est différente : on insère une autre séquence d'ADN au niveau de la coupure. Le forçage génétique (*Gene drive*), qui consiste à permettre la transmission très rapide d'un gène au sein d'une espèce animale à reproduction sexuée, sert par exemple à rendre une espèce stérile et donc à terme, à la supprimer. Certains l'envisagent pour éradiquer les moustiques qui transmettent le paludisme. Bill et Melinda Gates, via leur association Stop Malaria, financent notamment ces expérimentations. »[79]

La médecine moderne, forte des avancées du progrès scientifique, repousse toujours plus loin les limites de la maladie et des possibles. Les avancées génétiques permettent d'envisager des thérapies pour combattre des maladies jusque-là incurables, surtout devant une situation médicale qui ne répond plus aux normes usuelles de soins, un lieu où les outils

---

[79] Marine Protais, « Suppression d'espèces, animaux et humains génétiquement modifiés… Êtes-vous prêt pour le monde selon CRISPR ? », 2021, https://www.ladn.eu/tech-a-suivre/aline-richard-interview-crispr-revolution/

communs ne sont plus adaptés. Il reste cependant que des dérives peuvent aller jusqu'à enjamber les limites compatibles avec l'éthique et entrer dans des zones troubles. Il n'est que de songer aux chimères scientifiques. Une équipe chinoise a fait naître des cochons qui contenaient des cellules de singe sous le prétexte de la création en masse d'organes humains au sein de larges panels d'animaux comme les cochons en vue de sauver un très grand nombre de personnes qui aujourd'hui souffrent et meurent de la pénurie d'organes.

La justification est audible, mais elle cède devant l'idée qu'un croisement inter-espèces, mêlant l'homme à l'animal, constitue une atteinte à l'intégrité de l'espèce humaine. Ces actes médicaux relèvent tout bonnement de l'« hubris » ou encore du « délire technicien » issu de la « pensée transhumaniste » et infèrent un questionnement sur le caractère acceptable ou non des possibilités ouvertes par les sciences.

L'Afrique risque d'être un terrain d'essais pour ces aventures scientifiques un peu loufoques en raison par exemple des modalités de recueil du consentement qui nécessite une explication préalable qui doit être sincère, complète et accessible aux sujets sollicités sur les conséquences possibles des protocoles envisagés. Dans la culture traditionnelle, essentiellement orale, la parole donnée scelle l'accord. La signature requise pour manifester le consentement, à titre strictement juridique, est inappropriée dans un essai médical où la relation est fondée sur la confiance, voire la foi, envers le thérapeute. On note aussi que les protocoles en Afrique ne comportent pas la rigueur scientifique équivalente à celle qui serait exigée dans un pays occidental et qu'il n'y a aucune approbation d'un comité d'éthique.

La question génétique aura un retentissement mondial et les Africains devront y être sensibilisés et préparés. Prenons l'exemple de la grossesse pour autrui. Les pays pauvres y ont difficilement accès, mais les femmes pauvres peuvent être des « ventres à louer ». La Gestation Pour Autrui, ou GPA, est une technique de reproduction qui consiste pour une femme à porter et à donner la vie à un être humain à la demande d'autres personnes. L'enfant né d'une GPA est séparé, dès la naissance, de sa mère biologique et transféré, contre de l'argent, à des commanditaires.

> « La GPA est, comme la prostitution, la location d'une fille ou d'une femme en vue d'abuser de certaines de ses parties. La femme est alors réduite à une bouche, un anus, un vagin ou à un utérus, à des ovocytes. Pour supporter la violence de la réification, les femmes n'ont d'autre choix que de se dissocier de leur corps. »[80]

Tout se passe comme si avec la GPA, il y avait un fractionnement de la maternité qui disloque le lien entre la mère et l'enfant. Pire encore, la mère porteuse devient un objet de contrat. Les contrats précisent « les actes auxquels les femmes doivent se soumettre : nombre d'embryons inséminés, sélection, conditions de résiliation du contrat, avortement, modalités et date d'accouchement ».

À cela s'ajoutent tous les problèmes médicaux sur la fertilité des femmes porteuses et d'autres sur lesquels elles sont insuffisamment informées. Ainsi, cette grossesse de substitution, au lieu d'être un acte altruiste pour répondre au désir d'enfant d'une femme qui ne peut pas procréer, devient un acte marchand.

La GPA fragmente la maternité et brise le lien mère-enfant. Le processus procréatif est morcelé entre la donneuse d'ovocytes, la mère porteuse, les parents commanditaires et les différents organismes intermédiaires.

---

[80] Ana Minski, « Une critique féministe de la GPA : VENTRES-A-LOUER », https://www.pressegauche.org/Une-critique-feministe-de-la-GPA-VENTRES-A-LOUER#:~:text=La%20GPA%20est%2C%20comme%20la, se%20dissocier%20de%20leur%20corps.

Cette question présente des similitudes avec la transplantation d'organes qui a fini de créer un marché clandestin de trafic. Si le trafic d'organes existe dans toutes les régions du monde, il est particulièrement préoccupant en Afrique du Nord et de l'Ouest où des communautés démunies et des populations déplacées sont plus susceptibles d'être exploitées. Dans un rapport sur la traite des êtres humains à des fins de prélèvement d'organes, Interpol constate que « les groupes criminels organisés profitent du désespoir des chômeurs, des migrants, des demandeurs d'asile et des réfugiés pour les contraindre à vendre leurs organes. Les victimes de la traite des êtres humains aux fins d'exploitation sexuelle ou d'exploitation par le travail courent un risque plus grand de subir une exploitation supplémentaire »[81].

Les techniques utilisées pour recruter et contrôler leurs victimes sont semblables à celles utilisées dans d'autres formes de traites des êtres humains, à savoir, les promesses d'embauche à l'étranger, les menaces et la violence.

[81] https://www.interpol.int/fr/Actualites-et-evenements/Actualites/2021/Afrique-du-Nord-et-de-l-Ouest-un-rapport-d-INTERPOL-met-en-evidence-la-traite-des-etres-humains-a-des-fins-de-prelevement-d-organes

L'intelligence artificielle

L'IA, qui signifie « intelligence artificielle », désigne des systèmes ou des machines qui imitent l'intelligence humaine pour effectuer des tâches et qui peuvent s'améliorer de manière itérative en fonction des informations qu'ils recueillent.

L'intelligence artificielle est une science qui bouleverse tous les secteurs, tous les domaines de nos vies, en modifiant notre rapport au monde et nos perceptions des choses : traduction automatique, reconnaissance d'images, reconnaissance faciale, assistants vocaux, *chatbots*, véhicules autonomes, agriculture, secteur bancaire, optimisation de la prospection commerciale, maintenance prédictive, aide médicale au diagnostic, *facility management* et *smart building*, amélioration des processus de recrutement, réduction de la consommation d'énergie… Tout ceci est de l'IA, et pas que.

Les ordinateurs et programmes informatiques dotés de l'IA deviennent capables de performances habituellement associées à l'intelligence humaine, capables de raisonner, de comprendre et d'analyser des modèles, d'interagir avec l'Homme, d'apprendre progressivement. Kai-Fu Lee qualifie l'IA de « plus grande mutation de l'histoire »[82], qui voit la Chine s'imposer comme un géant de ce domaine devant les USA et l'Europe, même si cette dernière est sa terre natale, et qui redéfinit les rapports géopolitiques au niveau mondial dans la mesure où l'IA est presque devenue le nouvel eldorado économique.

---

[82] Kai-fu Lee, *IA, la plus grande mutation de l'histoire*, éd. J'ai lu, 2021.

Les enjeux de cette IA sont cruciaux pour les sociétés africaines qui sont des sociétés de communautés et non d'individus. L'Afrique se distingue par sa population très jeune, fortement imprégnée par le numérique, outil ludique et facile d'utilisation qui ouvre sur le monde. De l'avis de Myriam Donsimoni, le numérique « permet de diffuser une culture hédoniste à la place du puritanisme des pays du Nord et des traditionalismes et communautarismes du Sud. De nouveaux modèles de cohabitation voient le jour, remplaçant les modèles dépassés ; la culture monolithique (par groupe ethnique ou classe sociale) est remplacée par une culture pluraliste et segmentée »[83]. D'où le questionnement de l'auteure sur le point de savoir si nous assistons « à une mise en dynamique vers plus de développement économique et social grâce à l'outil numérique, ou bien est-ce une ingérence occidentale supplémentaire dans un système non encore abouti qui ne pourra que s'en trouver encore plus déstructuré ? ».

La question n'est pas tant de savoir si les cultures africaines sont compatibles avec le numérique que de connaître les conséquences qu'il peut induire sur le réseau de relations sociales tissées sur un modèle traditionnel et de vérifier les points de cohérence. C'est dire qu'il se joue, en soubassement de l'imprégnation africaine du numérique, un enjeu de cohérence si bien que des bouleversements sociétaux profonds sont envisageables. Ce questionnement n'épuise pas la problématique, mais il lui offre un éclairage particulier en ce que le numérique n'est pas culturellement neutre, il embarque dans sa grammaire une certaine idée du monde tournée vers l'Occident, qui est sa terre natale. D'ailleurs, le numérique est porteur d'une exclusion de ceux qui ne maîtrisent pas parfaitement ses langues de diffusion.

---

[83] Myriam Donsimoni, « L'Afrique, entre communautés traditionnelles et monde virtuel. Communication, technologies et développement », https://doi.org/10.4000/ctd.321

Le déploiement du réseau internet en Afrique est en progression notable, mais le continent accuse toujours un important retard par rapport aux autres pays de la planète et une certaine lenteur d'accès au réseau.

L'expansion des capacités des technologies basées sur l'IA s'accompagne d'une augmentation de leur potentiel d'exploitation criminelle », avertit Lewis Griffin, chercheur en informatique à l'University College London (UCL). Des fausses vidéos ou *deep fake*, qui s'approprient l'identité d'une personne en lui faisant dire ou faire des choses à son insu afin d'accéder à des données sécurisées, de manipuler l'opinion ou de nuire à la réputation de quelqu'un, au piratage de voitures autonomes pour s'emparer des commandes d'un véhicule autonome pour s'en servir comme arme (par exemple, perpétrer une attaque terroriste, provoquer un accident, etc.), en passant par l'hameçonnage (ou phishing), visant à collecter des informations sécurisées ou à installer des logiciels malveillants via le piratage des systèmes contrôlés par l'IA pour perturber les infrastructures en causant par exemple une panne d'électricité généralisée, un engorgement du trafic ou la rupture de la logistique alimentaire, il s'agit là de quelques menaces que l'IA fait peser sur nos vies, sans oublier le chantage à grande échelle afin de recueillir des données personnelles et envoyer des messages de menace automatisés.

L'intelligence artificielle, qui se définit en effet comme l'« ensemble des systèmes électroniques et informatiques qui fonctionnent en essayant de dupliquer ou d'imiter les principes de la réflexion de l'intelligence ou plus simplement certains mouvements ou gestes de l'homme »[84], sera un facteur déterminant dans le devenir des nations. Dans un discours de septembre 2017, Vladimir Poutine dit ceci : « Le pays qui sera leader dans le domaine

[84] Droit d'auteur 2010/2011, Dalloz Action, n° 103.27.

de l'intelligence artificielle dominera le monde ». Cette IA, qui se nourrit de données, ou big data, interroge sur le devenir de l'humain sur Terre.

Gaspard Kœnig, après un voyage de philosophe au pays de l'intelligence artificielle, prophétise « la fin de l'individu »[85] par « cette immense guerre entre des milliards de lignes de code informatique, chacune luttant pour faire tourner sans heurt la société, tout en s'efforçant de prendre le dessus sur ses concurrents »[86]. Les augures de l'intelligence économique oscilleraient entre deux promesses : d'une part, un monde d'abondance qui abolirait la pauvreté et le manque et « réaliserait le vieux rêve de Karl Marx »[87] avec un « un développement de l'activité, de la production et de la satisfaction des besoins » et, d'autre part, et ce serait le plus inquiétant, un monde apocalyptique qui installerait « une société encore plus inégalitaire », creusant les différences entre « une poignée de nantis qui auraient accès à une vie quasi éternelle, une santé de fer, une consommation illimitée, y compris et surtout de produits parfaitement inutiles »[88].

Ce « machinisme intelligent »[89] est très rentable pour l'employeur, qui substitue des automates à des humains et ainsi détruit des emplois. Une usine qui employait une centaine d'ouvriers peut maintenant fonctionner avec au plus trois personnes et des performances accrues. L'IA peut remplacer des êtres humains et prendre des décisions plus rapidement, et à

---

[85] Gaspard Kœnig, *La fin de l'individu, voyage d'un philosophe au pays de l'intelligence artificielle*, l'observatoire, 2017.

[86] P. W. Singer et A. Cole, *Control, l'ère de l'IA et de l'hypersurveillance a déjà commencé*, Buchet-Chastel, Libella, Paris, 2022, page 12.

[87] Pascal Boniface, *Géopolitique de l'intelligence économique, comment la révolution numérique va bouleverser nos sociétés*, Eyrolles, 2021, page 30.

[88] Gaspard Kœnig, *La fin de l'individu, voyage d'un philosophe au pays de l'intelligence artificielle*, *op. cit.*, p. 31.

[89] G. Loiseau et A. Martinon, « Le machinisme intelligent », *Les cahiers sociaux*, févr. 2017, n° 299, p. 55.

moindre coût. Ce n'est pas la fin du travail, mais c'est un tournant pour aller vers de nouveaux métiers, développer de nouvelles aptitudes et compétences.

Le défi du Sénégal face à cette prodigieuse avancée est de développer des compétences adéquates pour tirer le maximum de profits en signant son entrée de plain-pied dans ce monde technologique. L'éducation, la santé et l'industrie sont, à mon sens, les secteurs prioritaires qui devront être ciblés avec un accompagnement massif de l'État. Un écosystème financier audacieux est une clé de réussite dans ce domaine avec le capital-risque, très peu présent, mais nécessaire, pour injecter des fonds. Les petites entreprises à fort potentiel de croissance, très motivées pour innover et prêtes à s'implanter et à bousculer le paysage des industries existant, sont très handicapées : leur autofinancement est souvent insuffisant, le recours à l'emprunt peut s'avérer impossible, voire suicidaire, face au risque inhérent aux projets innovants. Elles trouvent en ce capital-risque un bon moyen de financement en tant que source importante de leurs fonds propres. Le capital-risque regroupé est dès lors incontournable pour la réalisation d'investissements employés dans l'amorçage (*seed-capital*), la création (*start-up*), et le développement d'une société nouvelle. Ces moments du développement des entreprises sont un angle mort du système bancaire sénégalais qui est peu enclin à prendre le risque du démarrage d'activités. Pour reprendre une boutade, Facebook et Microsoft n'auraient pas vu le jour au Sénégal, car malgré leur haut potentiel, elles n'auraient trouvé aucune banque pour les accompagner dans leur phase de démarrage. C'est dire qu'il y a peut-être des Microsoft et Google qui sont mort-nées au Sénégal.

L'intelligence artificielle a un impact significatif sur nos vies. Des biais algorithmiques peuvent faire perdurer certaines inégalités systémiques dans nos sociétés et entraîner des discriminations et des exclusions à l'encontre des minorités. Des algorithmes sur les réseaux sociaux peuvent restreindre la liberté d'expression de manière inégale et influencer le débat public ; ils peuvent aussi enclencher une surveillance biométrique de masse pour porter atteinte à notre droit à la vie privée. Alors que l'IA et la robotique améliorent les capacités des laboratoires, des entreprises et des utilisateurs, elles transformeront à coup sûr la façon dont les gens vivent. Pour cette raison, les futurs utilisateurs doivent les connaître et les expérimenter pour en faire des outils au service de l'humanité. Pour ce faire, le robot doit être cantonné à sa stricte valeur utilitaire et éviter toute anthropomorphisation qui en ferait un protohumain, parce que l'IA, comme son nom l'indique, est un artifice, mais aussi et surtout une illusion, convaincante certes, mais une illusion quand même. L'approche scientifique de Rabelais est toujours d'actualité : « La science sans conscience est la ruine de l'âme ». Comme toute innovation, elle soulève, classiquement, de nouveaux problèmes juridiques relatifs en particulier à la détermination d'un régime de responsabilité des dommages causés par les entités intelligentes, mais au préalable relatif à sa nature juridique comme nouvel objet du droit et pour lequel certains revendiquent la reconnaissance d'une personnalité juridique nouvelle, la personnalité-robot.

L'autonomie de l'IA et sa capacité d'autoapprentissage sont certainement les motifs de ce questionnement. Elle doit à ce titre être réglementée pour que notre protection soit assurée d'autant que ces systèmes sont parfois volontairement conçus pour être opaques ; si bien que toute règlementation doit poser des limites claires et assujettir les acteurs à des obligations de transparence et de reddition des comptes tout en aménageant un recours de l'utilisateur sous le contrôle d'un régulateur. La finalité réglementaire est sous ce rapport de poser des règles claires qui définissent exactement ce qu'une entreprise doit divulguer au sujet de ses produits. Les entreprises doivent fournir une description détaillée du système d'IA utilisé. Cela inclut des informations sur les données utilisées, le processus de développement, les objectifs du système, ainsi que par qui les données sont utilisées. Cette large information est plus importante lorsqu'on est en présence de systèmes qui peuvent avoir un impact significatif sur la vie des personnes ou qui peuvent les influencer ou les manipuler, orienter leurs choix et leurs décisions. L'homme deviendrait le robot du robot en exécutant juste des instructions sans délibérer ou nuancer, sans hasard ou impromptu. Pour le spécialiste du droit numérique Alain Bensoussan, « dans les dix prochaines années, les humains et les robots devraient évoluer de manière tangentielle : les robots s'humaniseraient et les humains se robotiseraient ».

Une conséquence inattendue sur le rapport entre le droit et l'IA survient lorsque le droit devient objet de l'intelligence artificielle et non plus strictement un outil d'encadrement des phénomènes sociaux. Magali Bouteille-Brigant pose le débat en ces termes : « Il est intéressant de constater que le développement de l'intelligence artificielle a également des conséquences sur le droit lui-même, qui n'est plus seulement envisagé comme un outil organisant la vie en société, mais comme une matière première. Aussi, d'objet d'étude des seuls universitaires et parlementaires, le droit devient un produit que l'intelligence artificielle permet d'améliorer, d'augmenter et dont s'emparent des entrepreneurs avides d'un marché resté jusqu'à récemment inexploré. Aussi, l'appréhension du droit comme objet de l'intelligence artificielle fait apparaître l'opportunité de l'avènement d'un droit augmenté, ou pourrait-on dire, par analogie avec le transhumanisme, d'un "transjuridisme" »[90].

[90] Magali Bouteille-Brigant, « Intelligence artificielle et droit : entre tentation d'une personne juridique du troisième type et avènement d'un "transjuridisme" », https://www.actu-juridique.fr/ntic-medias-presse/intelligence-artificielle-et-droit-entre-tentation-dune-personne-juridique-du-troisieme-type-et-avenement-dun-transjuridisme/amp/#ftn1

Il reste que l'IA est un formidable outil qui peut être l'un des moteurs du rattrapage du continent africain. En effet, l'Afrique a un potentiel énorme pour tirer profit de l'intelligence artificielle. Plusieurs segments peuvent utilement mettre à profit cette technologie pour opérer des bonds extraordinaires.

L'IA peut aider à améliorer la productivité agricole en Afrique, où une grande partie de la population dépend de l'agriculture pour sa subsistance. Par exemple, l'IA peut être utilisée pour analyser les données satellitaires afin de prédire les rendements des cultures, de surveiller les ravageurs et les maladies, et d'optimiser l'utilisation de l'eau et des engrais.

Sur le plan sanitaire, l'IA peut aider à combler le déficit de personnel de santé en Afrique en facilitant les diagnostics à distance et en fournissant des recommandations de traitement basées sur l'IA. Par exemple, des algorithmes d'IA peuvent être formés pour détecter les maladies à partir des images médicales. L'IA peut être utilisée pour créer des plateformes d'apprentissage en ligne personnalisé qui peuvent aider à surmonter les obstacles à l'éducation, tels que le manque de professeurs qualifiés ou l'accès limité à des ressources d'apprentissage de qualité. Cet enseignement pourrait se faire en langues nationales avec tous les outils de traduction automatique, rendant ainsi accessibles aux populations les plus éloignées les savoirs les plus pointus. Le corrélat est bien évidemment la disponibilité énergétique qui peut elle aussi être optimisée par la technologie, notamment en prédisant la demande d'énergie et en optimisant l'utilisation des sources d'énergies renouvelables. Il se créerait une dynamique d'inclusion dont un retentissement sur la finance est possible. En effet, les technologies d'IA peuvent être utilisées pour fournir des services financiers à la grande partie de la population africaine qui n'a pas accès aux services bancaires classiques, en aidant à évaluer le risque de crédit par l'utilisation des données non traditionnelles. Ce qui est manifestement une amélioration de l'inclusion financière, en particulier pour les personnes non bancarisées en Afrique.

D'autres applications financières dérivées de l'IA sont possibles. Il en est ainsi de la prévention de la fraude. L'IA peut aider à détecter et à prévenir la fraude en analysant les schémas de transactions pour identifier les activités suspectes. Cela peut aider à renforcer la confiance dans les systèmes financiers numériques. Les robo-advisors participent de cette logique. Il s'agit de plateformes de conseils automatisées qui utilisent l'IA pour fournir des conseils financiers personnalisés et gérer les investissements des clients. Ces plateformes peuvent aider à démocratiser l'accès au conseil financier en Afrique.

La micro-assurance donnera aux compagnies d'assurance la possibilité d'utiliser l'IA pour offrir des produits d'assurance à faible coût à des clients qu'il ne serait pas autrement rentable de servir. L'IA peut aider à automatiser le processus d'évaluation des risques et à gérer les réclamations, réduisant ainsi les coûts.

Cependant, pour que l'Afrique puisse réellement tirer profit de l'IA, il est essentiel de surmonter certains obstacles, notamment le manque d'infrastructures numériques, le manque de compétences en IA, et la nécessité de règlementations appropriées pour encadrer l'utilisation de l'IA. En outre, il sera important de veiller à ce que les bénéfices de l'IA soient équitablement répartis et ne creusent pas les inégalités existantes. Ces préalables établis, on peut convenir avec Dr Moustapha Cissé, directeur de Google AI Center à Accra, que « l'Afrique a le potentiel de façonner l'avenir de l'IA en se concentrant sur des problèmes spécifiques au Continent, en formant des talents locaux et en développant des technologies d'IA centrées sur l'homme qui respectent les principes éthiques ».

QUATRIÈME PARTIE

LA REFONDATION

Repenser l'Éducation

Éduquer un peuple n'est pas simplement une nécessité pragmatique ; c'est un impératif moral et philosophique. C'est une quête vers l'élévation de l'âme humaine, un voyage vers une société plus juste, équilibrée et épanouie.

Éduquer un peuple revêt une importance capitale, non seulement pour le bien-être individuel, mais aussi pour la prospérité et l'évolution de la société dans son ensemble. Nous poser la question « pourquoi éduquer un peuple ? » nous plonge au cœur des fondements de la nature humaine et de notre vision de la société.

À la base, l'humain est animé par un désir intrinsèque de comprendre, de questionner et de transcender son environnement immédiat. L'éducation nourrit cette curiosité naturelle, la façonnant en une quête structurée de savoir et de compréhension. C'est par l'éducation que nous apprenons à interroger le monde, à articuler des pensées complexes, à distinguer le bien du mal et à développer une conscience critique.

L'éducation est également le véhicule par lequel les valeurs, les traditions et le patrimoine culturel sont transmis de génération en génération. Elle agit comme un pont entre le passé, le présent et l'avenir, garantissant la continuité et l'évolution de la civilisation. Sans éducation, il serait presque impossible de préserver la sagesse accumulée par nos prédécesseurs ou de progresser en tant que société.

Sur le plan sociétal, éduquer un peuple contribue à la création d'une citoyenneté active et éclairée. Des citoyens bien informés sont mieux à même de participer aux processus démocratiques, de défendre leurs droits et d'exiger la responsabilité de leurs dirigeants. Dans cette perspective, l'éducation est un pilier de la démocratie, car elle équilibre le pouvoir, prévenant les déséquilibres et les abus qui peuvent survenir dans une société mal informée.

En outre, l'éducation contribue au développement économique. Un peuple éduqué est plus apte à innover, à résoudre des problèmes complexes et à s'adapter à un environnement en constante évolution. Cela favorise la productivité, l'emploi et la prospérité générale.

Néanmoins, au-delà de ces avantages tangibles, il existe une raison plus profonde et philosophique d'éduquer : l'émancipation de l'esprit humain. Par l'éducation, nous transcendons notre existence immédiate, nous nous connectons aux idées universelles et nous découvrons le potentiel illimité de l'esprit humain. Éduquer un peuple, c'est lui offrir la liberté : la liberté de penser, de choisir, de créer et d'être. C'est reconnaître et affirmer la dignité intrinsèque et le potentiel de chaque individu.

La refonte du système éducatif sénégalais est une impérieuse nécessité à l'aune des défis du XXIe siècle. Le niveau des élèves et étudiants s'est affaissé du fait spécialement de la pléthore d'apprenants et du faible niveau des enseignants. Souleymane Bachir Diagne, animant une conférence sur « l'humanisme de la traduction », organisée par l'Académie nationale des sciences et techniques du Sénégal, formule l'explication suivante : « Nous n'avons pas forcément tous les maîtres qu'il faut, pas suffisamment d'enseignants. Du coup, on les recrute un peu n'importe comment. Ce qui fait que nous n'avons pas toujours les meilleurs enseignants possible à mettre devant nos élèves ». Pour autant, s'il est assez aisé de faire le constat des faiblesses du système éducatif, il est autrement plus pénible « de proposer celui qui doit le remplacer, celui auquel il faut éduquer et former pour demain ». Mais la nécessité de cette refonte est flagrante. Dans cette perspective réformatrice, Edgar Morin nous incite à embrasser une approche holistique, interconnectant les domaines du savoir pour une meilleure compréhension du monde qui nous entoure.

Edgar Morin, avec sa théorie de la « pensée complexe », postule que l'éducation du futur doit transcender les clivages disciplinaires. Dans le contexte sénégalais, cela se traduit par une vision intégrée des disciplines. Une telle approche est essentielle pour appréhender les enjeux socioculturels et économiques spécifiques au Sénégal, tout en insufflant un sens de l'appartenance globale chez les élèves.

Le paradigme d'éducation ne doit pas se limiter à une simple transmission de connaissances, mais évoluer vers une co-construction du savoir. C'est ici que résonne l'écho des idées de Paulo Freire : l'élève n'est pas un réceptacle passif, mais un acteur central de son processus d'apprentissage. Cette pédagogie active exige une méthodologie où les curiosités sont stimulées, les questions encouragées, et les expériences vécues valorisées.

Dans cette même veine, la notion d'éducation au service du développement durable, chère à des penseurs tels qu'Amartya Sen, trouve une pertinence particulière pour le Sénégal. Il ne s'agit pas uniquement d'inculquer des connaissances, mais de façonner des citoyens écologiquement responsables, socialement équitables et économiquement conscients. Le Sénégal, avec son riche *spectre* culturel et environnemental, a le potentiel de se positionner en tant que leader dans ce domaine.

La technologie, quant à elle, est une double épée. Tout en reconnaissant ses avantages, inspirés par les préceptes de Ken Robinson, il est impératif de ne pas laisser la technologie éclipser les fondamentaux. La créativité, la pensée critique et les compétences interpersonnelles restent essentielles, la technologie n'étant qu'un outil facilitateur.

Il est toutefois impératif de se rappeler que ces changements nécessitent des éducateurs formés et compétents. L'adage de Maria Montessori selon lequel l'enseignant est un guide et non un correcteur doit être au cœur de notre système. Une formation rigoureuse et continue des enseignants est donc non négociable.

Enfin, l'accessibilité et l'égalité en éducation, comme le préconise Malala Yousafzai, ne sont pas de simples idéaux, mais des impératifs. Chaque enfant, indépendamment de son origine, genre ou condition, mérite une éducation de qualité.

En somme, le futur du système éducatif sénégalais, pour être à la hauteur des aspirations de sa jeunesse et des impératifs du monde contemporain, doit puiser dans la richesse des pensées éducatives mondiales tout en restant profondément ancré dans ses réalités et spécificités locales.

La globalisation offre un accès privilégié aux modèles éducatifs internationaux. Le Sénégal, dans sa quête d'excellence éducative, peut donc s'inspirer de pratiques avérées efficaces aux États-Unis, au Japon et en Corée, tout en les adaptant à son contexte spécifique.

Des États-Unis, le Sénégal pourrait tirer profit de l'importance accordée à l'épanouissement individuel et à la créativité. Les écoles américaines, particulièrement celles orientées vers les pédagogies progressistes, valorisent la pensée critique, l'expression personnelle et les projets collaboratifs. Ainsi, en intégrant des approches pédagogiques axées sur le développement de la personnalité de l'élève, le Sénégal pourrait stimuler une génération d'innovateurs et de créateurs.

Le modèle éducatif japonais, quant à lui, est ancré dans une rigueur disciplinaire et une forte éthique de travail. Il met l'accent sur la communauté, le respect mutuel et la discipline. De là, le Sénégal pourrait incorporer ces valeurs dans son curriculum, en mettant l'accent sur le travail en groupe, la responsabilité collective et le respect des traditions tout en encourageant la modernité. De plus, le concept japonais de « ma » – l'importance des intervalles et de l'espace dans la communication – pourrait enrichir les méthodes pédagogiques sénégalaises en insistant sur l'importance de la réflexion et de la patience dans le processus d'apprentissage.

La Corée, avec son ascension remarquable en quelques décennies, offre des leçons précieuses en matière d'éducation. Son système est basé sur la méritocratie, l'importance des examens et la valorisation des enseignants. Pour le Sénégal, cela pourrait se traduire par une revalorisation du métier d'enseignant, en le plaçant au cœur du système éducatif. En outre, en adoptant une approche méritocratique, les éducateurs pourraient identifier et soutenir les talents dès le plus jeune âge, tout en assurant une équité d'accès aux ressources.

Toutefois, il est impératif de souligner que l'adoption de ces méthodes ne doit pas être une simple imitation. Chaque système éducatif cité a ses propres défis et critiques. Le défi pour le Sénégal sera donc d'intégrer ces leçons de manière réfléchie, en les adaptant aux réalités socio-culturelles, économiques et politiques du pays.

En somme, en se penchant sur ces modèles éducatifs internationaux, le Sénégal a l'opportunité de forger un système éducatif hybride, robuste et adapté, capable de répondre aux exigences du monde contemporain tout en cultivant son identité unique et riche.

À ce stade, la question des daaras affleure pour interroger sur leur intégration dans la refonte du système éducatif sénégalais.

Les daaras, ou écoles coraniques, jouent un rôle historique et prépondérant dans la société sénégalaise. Traditionnellement dédiées à l'enseignement du Coran, elles ont façonné la spiritualité et l'éthique de nombreuses générations de Sénégalais. Aujourd'hui, face aux défis contemporains, il est impératif d'harmoniser les enseignements des daaras avec les exigences d'une éducation moderne.

1. **Curriculum combiné** : Une des premières étapes serait d'enrichir le curriculum des daaras en y intégrant des matières séculières. Tout en préservant l'enseignement religieux, il serait bénéfique d'y associer des matières telles que les mathématiques, les sciences, les langues, ou encore l'éducation civique. Cela permettrait aux élèves des daaras d'accéder à un ensemble de compétences plus large, augmentant ainsi leur employabilité et leur intégration dans la société moderne.

2. **Formation des éducateurs** : Il est crucial d'investir dans la formation des maîtres coraniques. En plus de leurs compétences en enseignement religieux, une formation pédagogique complémentaire les doterait des outils nécessaires pour enseigner efficacement d'autres matières et pour mieux encadrer les élèves.

3. **Infrastructures et ressources** : De nombreux daaras fonctionnent dans des conditions précaires. Il serait donc judicieux de les soutenir en fournissant des infrastructures adéquates et des ressources pédagogiques modernes, telles que des manuels, des tableaux interactifs et des ressources numériques.

4. **Reconnaissance et accréditation** : L'État pourrait mettre en place un système d'accréditation pour les daaras qui adoptent ce modèle hybride. Cette reconnaissance officielle valoriserait ces établissements et inciterait davantage de parents à y envoyer leurs

enfants, sachant que ceux-ci recevraient une éducation à la fois religieuse et séculière.

5. **Partenariats avec d'autres écoles** : Des programmes d'échange ou de jumelage entre daaras modernisés et autres écoles séculières permettraient un partage de ressources, de compétences et d'expériences. Cela renforcerait le sentiment d'appartenance à une même communauté éducative nationale.

6. **Sensibilisation et dialogue** : Il est primordial de dialoguer avec les leaders religieux et les responsables des daaras pour les convaincre de l'importance d'une telle évolution. Des campagnes de sensibilisation pourraient mettre en avant les réussites des daaras modernisés, montrant que tradition et modernité peuvent coexister harmonieusement.

En intégrant les daaras dans la refonte du système éducatif, le Sénégal ne ferait pas seulement un pas vers la modernité, il célébrerait également la richesse et la profondeur de ses traditions. C'est en harmonisant ces deux facettes que le pays pourra offrir à sa jeunesse une éducation véritablement complète, ancrée dans la foi et ouverte sur le monde.

Un autre point attire l'attention dans cette réflexion sur le système éducatif et est relatif aux langues nationales. La centralité des langues nationales dans le système éducatif sénégalais procède d'une stratégie d'authenticité et de performance.

L'importance des langues nationales au Sénégal ne se limite pas à leur rôle de vecteurs de communication. Ces langues, emblèmes d'une histoire riche et de traditions ancestrales, incarnent l'essence même de l'identité sénégalaise. Si la langue française, héritage colonial, s'est imposée comme langue officielle, la multiplicité des langues nationales comme le wolof, le pulaar et le serer constitue un trésor culturel inestimable. Néanmoins, leur rôle dans le système éducatif a longtemps été minimisé, voire négligé. Redonner à ces langues une place centrale dans l'éducation est non seulement un impératif culturel, mais aussi une stratégie pédagogique majeure.

Commencer l'apprentissage dans sa langue maternelle, c'est permettre à l'enfant de tisser les premiers liens entre le savoir et son univers familier. La langue, bien plus qu'un simple outil de communication, est le prisme à travers lequel nous percevons et interprétons le monde. En utilisant la langue maternelle comme première langue d'enseignement, nous faisons le choix d'un apprentissage qui respecte l'environnement cognitif et affectif de l'enfant. Le savoir ne se présente plus comme un élément étranger, mais comme une extension naturelle de son monde. Cette approche, loin d'être un repli identitaire, offre une base solide pour l'acquisition ultérieure d'autres langues, dont le français.

Intégrer les langues nationales dans le cursus scolaire ne revêt pas seulement une dimension pédagogique. C'est aussi une affirmation politique, celle de la valorisation des cultures locales face à une mondialisation parfois homogénéisante. C'est reconnaître que le développement d'un pays ne passe pas nécessairement par l'occidentalisation, mais par l'adaptation des méthodes modernes à la réalité locale.

Par ailleurs, cette intégration linguistique renforce la symbiose entre l'école et la communauté. Les parents, les anciens, dépositaires des traditions et de la sagesse populaire, peuvent s'impliquer davantage dans le processus éducatif, créant ainsi une continuité entre l'école et la maison, le formel et l'informel.

Finalement, envisager une éducation qui valorise les langues nationales, c'est aussi stimuler la production intellectuelle et pédagogique en langues locales. Ceci pourrait non seulement favoriser une économie de l'édition et de la création locale, mais aussi réveiller une fierté nationale, celle de voir sa langue, son histoire et sa culture célébrées.

En somme, la centralité des langues nationales dans le système éducatif sénégalais est un impératif pour une éducation authentique et performante. C'est une voie vers une pédagogie enracinée dans la culture sénégalaise tout en étant tournée vers l'avenir, réconciliant le passé avec le présent et esquissant un futur prometteur.

Le paysage éducatif mondial connaît des mutations rapides, impulsées par les avancées technologiques et les nouvelles méthodologies d'enseignement. Pour le Sénégal, ces évolutions offrent une opportunité inestimable de transcender les défis historiques et d'établir un système éducatif résolument tourné vers l'avenir. Toutefois, la clé de cette transformation réside moins dans la technologie elle-même que dans la manière dont elle est intégrée et adaptée à la réalité sénégalaise.

Dans un monde où l'innovation technologique semble déferler à une vitesse vertigineuse, une démarche introspective est nécessaire. Plutôt que de succomber à l'attrait immédiat des nouveautés, il convient de les évaluer à l'aune de leur pertinence pour le contexte sénégalais. Chaque outil, chaque technique, doit être envisagé non comme une fin en soi, mais comme un moyen de renforcer la pédagogie, d'atteindre les élèves dans leur diversité et d'ancrer l'éducation dans la richesse culturelle et linguistique du pays.

Néanmoins, pour que ces outils puissent porter leurs fruits, ils doivent être accompagnés d'un effort substantiel de formation des enseignants. Ceux-ci, au cœur du dispositif éducatif, doivent être armés non seulement des compétences techniques requises, mais aussi d'une solide compréhension des possibilités pédagogiques qu'offrent ces outils. La mutation n'est donc pas seulement technologique ; elle est avant tout humaine et pédagogique.

En outre, le succès de cette entreprise implique un investissement conséquent dans les infrastructures. Si les nouvelles technologies sont les vecteurs du savoir, les infrastructures en sont le socle. La connectivité, la disponibilité d'équipements adaptés et l'accès équitable à ces ressources, même dans les régions les plus isolées, sont autant de prérequis indispensables.

Dans cette quête d'excellence et d'innovation, le Sénégal ne doit pas marcher seul. Des alliances stratégiques avec des entreprises technologiques, des institutions académiques et des organisations non gouvernementales peuvent servir de levier, offrant expertise, ressources et perspectives nouvelles. Ces collaborations, loin d'être de simples transactions, peuvent instaurer un véritable échange grâce auquel les méthodologies éprouvées ailleurs sont adaptées, enrichies et renouvelées au contact de la réalité sénégalaise.

Toutefois, en dépit de l'importance de ces partenariats externes, la clé d'une transformation réussie demeure l'adhésion des communautés locales. Elles doivent être impliquées, consultées et valorisées, car c'est en puisant dans cette synergie entre tradition et modernité, entre l'expertise locale et l'innovation globale, que l'éducation sénégalaise pourra s'épanouir pleinement.

Ainsi donc, tout effort d'intégration des nouvelles technologies et techniques d'enseignement doit être animé par une réflexion constante et rigoureuse, une volonté d'adaptation et un esprit de collaboration. Pour le Sénégal, l'avenir éducatif est riche de promesses, à condition de le forger avec discernement, ambition et respect de son identité unique.

L'ancrage d'une éducation innovante au Sénégal exige une série d'actions précises et avant-gardistes. Ces actions, en se fondant sur les principes évoqués précédemment, doivent s'inscrire dans une vision holistique du système éducatif.

1. Digitalisation contextualisée des ressources : Au-delà de simples traductions, il est essentiel de créer des contenus numériques qui reflètent la culture, l'histoire et les réalités sénégalaises. Les plateformes de e-learning pourraient, par exemple, incorporer des études de cas basées sur des entreprises locales, ou des simulations mettant en scène des situations typiquement sénégalaises, favorisant ainsi une immersion authentique.

2. Création de laboratoires d'innovation pédagogique : Ces espaces, physiques ou virtuels, serviraient de terrain d'expérimentation pour les enseignants, leur permettant de tester, d'ajuster et de perfectionner de nouvelles méthodes d'enseignement en temps réel.

3. Mise en place de programmes de mentorat technologique : Des étudiants ou des professionnels formés aux nouvelles technologies pourraient accompagner les enseignants, en les aidant à naviguer dans le monde digital, tout en instaurant un échange intergénérationnel bénéfique.

4. Promotion d'une pédagogie inversée : Encourager les élèves à explorer des concepts chez eux grâce à des ressources numériques, et à utiliser le temps de classe pour des discussions, des débats et des clarifications, maximisant ainsi l'interaction et la collaboration.

5. Établissement de partenariats avec les géants technologiques : Des collaborations avec des entreprises comme Google, Microsoft ou Apple pourraient faciliter l'accès à des outils éducatifs avancés et à des formations spécialisées.

6. Développement de programmes d'échanges virtuels : En tirant parti des technologies de communication, les élèves sénégalais pourraient collaborer sur des projets avec des élèves d'autres pays, favorisant ainsi une compréhension interculturelle et une exposition à diverses perspectives.

7. Intégration de l'enseignement hybride : Un mélange d'apprentissage en présentiel et à distance pourrait permettre une plus grande flexibilité, en particulier pour les régions éloignées ou pour les élèves ayant des besoins spécifiques.

8. Création d'un réseau national d'éducateurs innovants : Cette plateforme collaborative encouragerait le partage de ressources, d'idées et de meilleures pratiques, créant une dynamique de progrès continu.

En somme, le potentiel offert par les technologies et les techniques d'enseignement modernes est immense. Toutefois, la véritable innovation réside dans la manière dont ces outils sont adaptés, personnalisés et intégrés dans le tissu éducatif sénégalais. Chaque action, chaque initiative doit ainsi être envisagée non comme une fin, mais comme une étape dans la quête incessante d'une éducation qui résonne avec l'âme et l'aspiration du peuple sénégalais.

L'école traditionnelle, avec ses structures et méthodes classiques, ne répond pas toujours aux besoins de chaque individu. Certains, pour diverses raisons, peuvent s'en éloigner ou ne jamais y accéder. Les « écoles de la seconde chance » et les formations alternatives émergent donc comme des solutions viables pour redonner espoir et offrir des opportunités à ceux qui ont été laissés pour compte. Pour le Sénégal, la mise en place de telles structures pourrait revêtir une importance cruciale pour réduire le taux d'analphabétisme, améliorer les perspectives d'emploi et renforcer la cohésion sociale.

1. Centres d'apprentissage communautaires. Situés au cœur des communautés, ces centres pourraient proposer des formations modulaires et flexibles adaptées aux besoins locaux. Ils pourraient offrir des cours du soir, des ateliers pratiques et des formations professionnelles, permettant

aux apprenants de combiner études et obligations personnelles ou professionnelles.

2. Programmes de formation professionnelle. Plutôt que de se concentrer uniquement sur l'académisme, ces programmes mettraient l'accent sur l'acquisition de compétences techniques et pratiques. De la menuiserie à la technologie de l'information, ces programmes pourraient offrir aux jeunes des compétences directement applicables sur le marché du travail.

3. Partenariats avec le secteur privé. Les entreprises pourraient parrainer des programmes de formation, offrant non seulement des ressources financières, mais aussi un mentorat, des stages et, éventuellement, des emplois aux diplômés.

4. Apprentissage par projet. Cette approche pédagogique permet aux apprenants de travailler sur des projets concrets, souvent en équipe, leur offrant ainsi une expérience pratique tout en consolidant leurs compétences théoriques.

5. Programmes de mentorat et de tutorat. Les individus qui ont réussi malgré des parcours scolaires non conventionnels pourraient servir de mentors en partageant leurs expériences, leurs stratégies de réussite et en offrant un soutien moral et académique.

7. Structures d'évaluation flexibles. Plutôt que des examens traditionnels, ces structures pourraient privilégier des évaluations basées sur le portfolio, les projets ou les démonstrations de compétences, reflétant ainsi mieux les capacités réelles des apprenants.

8. Soutien psychosocial. Reconnaissant que de nombreux élèves des « écoles de la seconde chance » peuvent avoir vécu des traumatismes ou des expériences difficiles, un soutien psychologique et social pourrait être intégré pour aider à surmonter les obstacles émotionnels à l'apprentissage.

9. Valorisation des savoirs traditionnels. Les compétences et connaissances issues des traditions locales pourraient être intégrées et valorisées, créant ainsi un pont entre le passé et le présent, tout en renforçant le sentiment d'appartenance et d'identité.

En envisageant l'éducation non pas comme un parcours linéaire, mais comme un écosystème complexe de possibilités et de trajectoires, le Sénégal pourrait non seulement élever son niveau d'éducation, mais également instaurer une société plus inclusive et résiliente. Une telle vision exige audace, innovation et une conviction profonde dans le potentiel inaliénable de chaque individu pour apprendre et prospérer, quel que soit son parcours.

REPENSER LES INSTITUTIONS

Marquer une originalité fondée sur des particularités sociales doit transparaître au travers de l'organisation institutionnelle. Il est parfois un sentiment que nos institutions sont par trop inadaptées à nos réalités ou à tout le moins sont-elles en déphasage avec l'impensé collectif. Les institutions constituent l'actualisation et l'incarnation de la théorie démocratique et traduisent la philosophie qui est au fondement de l'organisation sociale. En effet, le design institutionnel est une question philosophique si bien qu'une réflexion sur le paramétrage institutionnel requiert un préalable spéculatif sur les substrats philosophiques, historiques et politiques du groupe social en cause. Le mimétisme institutionnel est donc une faute démocratique dans la mesure où elle éclipse le préalable nécessaire au bon dimensionnement et au meilleur positionnement de l'institution, qui est la justification épistémologique ou morale des institutions démocratiques d'un pays. Autrement dit, une institution doit, pour sa mise en place, décrire sa raison d'être ainsi que sa contribution à la vie démocratique tout autant que la question de son efficacité doit être mesurée à l'aune des rôles qui lui seront assignés.

D'ailleurs, il n'est pas possible de figer un portrait cohérent des actions de l'État sans se référer à ses institutions parce que les institutions et leur design ne sont pas le fruit du hasard. Si elles permettent à l'État d'agir, elles remplissent également une fonction démocratique. Elles servent à articuler les différentes facettes de la démocratie. Et la manière de structurer les institutions peut dans une certaine mesure constituer une contrainte pour la démocratie. En effet, si le fractionnement des institutions est souvent justifié pour créer un système de poids et de contrepoids limitant l'arbitraire des gouvernants, chaque branche du pouvoir jouit de pouvoirs limités par les autres branches.

Le débat sur la configuration des institutions est assez difficile parce que son point d'équilibre oscille entre une rigidité qui confine à la lourdeur et une souplesse qui peut déboucher sur un laxisme. Le débat balance aussi entre un conservatisme sclérosant, mais rassurant, et un progressisme échevelé et plein d'incertitudes. La seule certitude est que les institutions doivent s'adapter aux évolutions du temps et aux nouvelles aspirations émises par les populations, sinon elles ne seraient que de purs artefacts politiques destinés à satisfaire autre chose que l'idéal démocratique. Précisément, l'institution doit être pensée non comme une donnée figée et déjà là, mais comme un processus multipolaire par une fructification des complémentarités intellectuelles.

Ce qui manque dans l'analyse, c'est une compréhension des causes multiples et des interactions de différentes propriétés. Seule une vision d'ensemble peut inspirer une thérapie multiforme susceptible d'enrayer le cercle vicieux d'une machinerie institutionnelle. Ainsi, seule une analyse globale, donc systématique, peut correctement cadrer le problème, relativisant au moins certains des remèdes proposés jusqu'ici.

L'offre et la demande d'institutions soulignent partiellement, mais sans relâche, la tension que supporte une architecture des institutions. À ce titre, ces textes bavards, indirects ou incantatoires qui organisent l'armature des institutions sont plus difficilement applicables par les exécutifs et les juges, car ils établissent des obligations de résultat illisibles ou inaccessibles.

Ce à quoi on devrait tendre, c'est à la réconciliation des esprits (exprimer franchement ses convictions et respecter les convictions d'autrui), restaurer l'État de droit, la raison et l'intérêt général (également dans la lignée de la tradition républicaine), l'émergence d'une éthique de responsabilité, une responsabilité moins conflictuelle et plus pragmatique, une pratique sociopolitique, et une meilleure information des citoyens, pour que la rhétorique des droits puisse faire tous les devoirs de rappel.

Il faut, au fond, comprendre que les institutions sont une traduction des rapports de pouvoir entre les différents acteurs, car soit le pouvoir est exercé directement par des acteurs en l'absence d'institutions, soit les institutions sont des leviers utilisés par les acteurs pour l'exercer. Les rapports de pouvoir étant changeants et évolutifs, les institutions doivent épouser cette dynamique tout en gardant une fixité et une solidité de nature à éviter le chaos.

Aujourd'hui manifestement, de nouveaux sièges accueillent le pouvoir dans la société, des forces nouvelles, des organisations nouvelles, des confréries, des lobbys, des influenceurs, des journalistes fabriquent et façonnent l'opinion et déterminent le comportement des citoyens. En effet, quand dans un premier temps, les principes de séparation des pouvoirs, de souveraineté nationale, de représentation, de citoyenneté... ont renouvelé le mode de pensée du pouvoir politique, que dans un deuxième temps, l'introduction du suffrage universel, la création des partis politiques, l'irruption des masses et de l'opinion publique ont obligé à redéfinir les schémas de compréhension du jeu institutionnel, aujourd'hui, à nouveau, l'émergence d'un espace post-national, le développement des autorités publiques indépendantes, la montée en puissance de la figure des juges, et la transformation des moyens de communication par l'internet imposent de reconstruire les cadres conceptuels de la pensée institutionnelle. Or, la doctrine contemporaine continue de penser à partir de ses schémas anciens et, naturellement, elle n'y trouve pas les instruments, les catégories, les outils pour se représenter les institutions puisque ces schémas ont été construits avant, dans un temps presque antique. Pour éviter une aporie démocratique et un déphasage entre le droit et le fait, il pèse sur tous une obligation de penser autrement le résultat en excluant les intrus et en introduisant les exclus.

Au Sénégal comme partout dans le monde, l'État est concurrencé, complété et parfois suppléé dans la régulation sociale par des institutions sociales souvent religieuses et des institutions proto-politiques.

Nos institutions politiques, héritées de la colonisation, génèrent trop de centralité et de verticalité malgré des avancées appréciables d'un long processus de décentralisation. Il est essentiel de reformuler une technologie institutionnelle bien pensée qui devrait permettre de sortir des engourdissements et de mieux épouser les nouvelles pratiques de nouveaux acteurs. Les institutions sont l'armature de la démocratie. Or, elles doivent susciter le soutien actif et entretenu des citoyens, et il y aurait comme un divorce entre les citoyens et les institutions qui s'illustre par l'effondrement de la participation électorale. La faiblesse de la mobilisation des citoyens est le révélateur d'un double phénomène ; la distension du lien entre électeur et élu d'une part, et le déphasage entre l'offre et la demande politique d'autre part. La portée démocratique du geste électoral positionne l'électeur non pas comme un consommateur, mais comme un citoyen qui délègue à ses représentants la charge de décider. Cela suppose que l'électeur ait conscience qu'il délègue quelque chose d'important, le pouvoir.

Cette délégation doit se faire pour une durée suffisamment longue de sorte que le gouvernant ne soit pas soumis aux oscillations et aux humeurs des mouvements de l'opinion. Cette durée est un gage de stabilité. Mais on peut s'interroger sur le point de savoir s'il n'y a pas lieu d'envisager un mécanisme de vérification de l'existence permanente de la cause de cette délégation, qu'il n'y a pas un dévoiement du mandat en cours d'exécution parce que le citoyen est cantonné entre sa dévolution du pouvoir et la prochaine consultation électorale dans une situation attentiste de spectateur qui ne peut plus contrôler l'effectivité du sens de son vote. Il y a donc un temps de latence. Pour autant, il ne faudrait pas que le citoyen-électeur se mue en citoyen surveillant. On serait, selon le mot de Rosanvallon, dans une contre-démocratie où les rôles se confondraient dans un salmigondis impropre au bon déroulement de l'action. Tout au plus le citoyen devrait-il être sentinelle, un lanceur d'alerte.

L'effondrement de la participation fait aussi que les électeurs s'identifient de moins en moins à une machinerie partisane. Les déterminants socio-politiques qui structuraient les affinités partisanes (l'appartenance de classe, le sentiment religieux, le sexe...) ont perdu de leur puissance. Il en résulte un dépassement du parti et l'inauguration d'une démocratie post-partidaire. La scène partisane implose et s'émiette pour se recomposer avec d'autres polarités.

La démocratie post-partidaire est un concept qui met l'accent sur la nécessité de dépasser les clivages partisans traditionnels pour construire un système politique plus inclusif et collaboratif. L'idée principale est de promouvoir une gouvernance qui favorise la participation citoyenne, l'engagement politique des individus et la prise de décisions collective.

Dans une démocratie post-partidaire, l'accent est mis sur la recherche de solutions communes plutôt que sur la confrontation entre les différents partis politiques.

Cette approche vise à réduire les divisions politiques et à encourager la collaboration entre les différents acteurs politiques, en se focalisant sur l'intérêt général plutôt que sur les intérêts partisans. Cela peut impliquer l'utilisation de processus participatifs de prise de décisions, tels que les délibérations publiques ou les référendums.

La démocratie post-partidaire est un univers politique qui vise à renouveler et à améliorer le fonctionnement de la démocratie dans le but de mieux répondre aux défis actuels et de promouvoir une meilleure représentation de l'ensemble de la population. Ainsi, les institutions politiques sont réformées pour promouvoir une représentation plus équitable et participative. Des mécanismes tels que les assemblées citoyennes, les panels de délibérations et les référendums sont utilisés pour impliquer directement les citoyens dans le processus décisionnel. Les décisions sont prises en fonction des besoins et des intérêts de la population, plutôt que de se conformer à une ligne politique spécifique. En dernière analyse, l'objectif est de renforcer la participation démocratique en élargissant les voix et en encourageant la diversité d'opinions. Cela peut aider à surmonter les polarisations partisanes et à favoriser des débats plus inclusifs et constructifs.

Cependant, quelque séduisante qu'elle soit à première vue, cette modalité démocratique risque, sous nos tropiques, d'entraîner une concentration excessive du pouvoir. En effet, l'absence de partis politiques structurés et organisés propulse les individus charismatiques ou les personnalités dominantes au centre du dispositif démocratique en leur réservant potentiellement une place trop prépondérante dans le système politique. Cela peut entraîner un déséquilibre des pouvoirs et rendre difficile la représentation équitable des différentes perspectives et des intérêts. Par ailleurs, l'organisation post-partisane présente l'avantage de réduire la polarisation et la promotion de la collaboration, mais apporte une complexité supplémentaire aux citoyens et la possibilité accrue d'influence des intérêts particuliers.

Cette forme de démocratie est sans doute l'avenir des systèmes politiques démocratiques avec l'intérêt marqué des citoyens pour le fait politique. Il reste que pour le moment, la politique et la classe politique sénégalaises génèrent une sorte de rejet.

Cette désaffection à l'égard des gouvernants et des partis est symptomatique de la rupture qui s'est opérée entre le système politique institutionnalisé et les gouvernés, et qui préfigure une crise de représentativité. Par le mécanisme de la représentation politique, les actes accomplis par les représentants politiques du peuple lui sont attribués comme s'il les avait adoptés lui-même. Nous sommes supposés n'obéir qu'à nous-mêmes. Seulement, ce sentiment est lézardé et le citoyen développe un dégoût et un rejet du politique, si bien qu'il ne se sent pas représenté. Quelque chose s'est cassé. Cependant, moins qu'une crise de la démocratie, il s'agit d'une reformulation du rôle de chaque terme du binôme gouvernant-gouverné. La docilité citoyenne a laissé place à une défiance citoyenne et l'État est concurrencé dans ses pouvoirs par des forces internationales, formelles ou non, et par des pouvoirs privés économiques.

Dès lors, retisser les liens aujourd'hui distendus apparaît donc bien comme une nécessité. La prise en compte des facteurs traditionnels, sociaux et culturels endogènes dans les stratégies démocratiques est certainement une modalité pour recoudre ces liens. Il existe un peuple africain riche de sa civilisation, de ses traditions, de ses cultures, facteurs d'explication de son système de fonctionnement qui impose d'aborder la modernité en intégrant les aspects traditionnels fondamentaux susceptibles de contribuer à une meilleure interprétation du développement. Les peuples africains disposent d'institutions sociales qui jouent un rôle éminemment politique, mais que les institutions étatiques en l'état ont supplantées en les reléguant à un rôle coutumier. Autrement dit, les institutions politiques de notre État sont dans une sorte de rencontre combative dont les pratiques collaboratives qui aménagent des espaces transpartisans de dialogues peuvent aider à atténuer les crispations.

Le dialogue national est une modalité *sui generis* de donner un cadre d'expression à des contestations légitimes, des aspirations divergentes et surtout, pour éviter que l'expression politique n'emprunte une forme violente. Une démocratie, c'est plus être côte à côte que face à face. C'est dire que le dialogue est un moyen qui permet la vitalité d'une démocratie parce que la règle majoritaire qui porte certaines idées au pouvoir n'évince pas les autres de l'expression politique. Ce serait un abus de majorité que d'ignorer les points de vue minoritaires ou simplement divergents tout autant qu'il y aurait abus de minorité que de s'inscrire dans une radicalité qui exclut toute possibilité de simplement se parler pour chercher une solution.

Au fond, la démocratie est une entreprise collective de tolérance et d'acceptation de la divergence. Dialoguer, c'est aller vers l'autre sans se renier, en acceptant l'humble possibilité de s'être trompé parce que chacun est détenteur d'une portion de sphère publique, pour faire écho aux propos de Jürgen Habermas lorsqu'il écrivait qu'une « portion de la sphère publique vient à être dans chaque conversation lors de laquelle des individus privés s'assemblent pour former un corps public ». Le dialogue, en démocratie, est une discussion active pour résoudre des problèmes de la démocratie elle-même en tant que la démocratie est une construction permanente. Pour autant, le dialogue n'a pas de fin en soi. Du dialogue ne naît pas ou ne doit pas obligatoire naître un accord ou un unanimisme. Être d'accord sur tout n'est pas une chose aisée. Il va toujours persister des espaces plus ou moins larges de dissension. D'ailleurs, pourquoi dialoguer si on est en accord parfait sur tout ? On dialogue pour éviter que des visions différentes ne dérivent en motifs conflictuels. C'est pourquoi l'empire du dialogue ne doit omettre aucune question ni ériger de tabous « indiscutables » et se départir d'une tentation de jeu à somme nulle où les gains des uns s'évaluent en pertes des autres. C'est dire donc que l'expérience sénégalaise du dialogue, qui a été inclusive du mieux qu'elle le pouvait, est une fonction bénéficiaire du jeu démocratique en l'approfondissant et en l'interrogeant sur sa vitalité et ses ressorts de réinvention.

La société civile sénégalaise

La notion de société civile en elle-même prête à discussion et n'a jamais atteint une stabilité sémantique poussant certains auteurs à qualifier la notion de « label du vide », qui ne recouvre précisément aucune réalité uniforme, mais plutôt une diversité tellement vaste qu'il serait impropre de les unifier dans une acception précise. Au mieux en arrive-t-on à comprendre la société civile de manière négative par ce qu'elle n'est pas, par opposition à l'État, une sorte de contre-pouvoir, « composé d'associations très variées dont le plus petit commun dénominateur est le développement de pratiques alternatives, palliant les déficiences du marché et des pouvoirs publics »[101].

Le renouveau de la société civile en Afrique est un phénomène important et encourageant. Au fil des années, de nombreuses organisations ainsi que des mouvements de la société civile ont émergé dans différents pays africains, contribuant à la promotion des droits de l'homme, de la démocratie, de la justice sociale, de l'égalité des genres, de la protection de l'environnement, et à la lutte contre la corruption.

Ces initiatives heureuses de la société civile ont permis de donner une voix aux citoyens ordinaires et de les mobiliser pour des causes communes. Elles ont joué un rôle clé dans la défense des droits des populations

---

[101] Marc PONCELET et Gautier PIROTTE , « L'invention africaine des sociétés civiles : déni théorique, figure imposée, prolifération empirique », https://www.cairn.info/revue-mondes-en-developpement-2007-3-page-9.htm.

marginalisées, en particulier des femmes, des jeunes et des communautés défavorisées.

La société civile africaine utilise également de plus en plus les nouvelles technologies et les médias sociaux pour faciliter l'engagement citoyen, la mobilisation et la diffusion de l'information. Cela renforce la transparence, renouvelle les modes de participations démocratiques et favorise une plus grande sensibilisation aux enjeux sociaux.

Cependant, il est important de noter que la société civile en Afrique est confrontée à de nombreux défis dont l'issue décidera de son avenir, tels que des lois parfois restrictives, des menaces et des intimidations, ainsi que des ressources financières limitées. Il est essentiel dès lors que les gouvernements africains reconnaissent la valeur centrale et nécessaire de la société civile dans la formulation du fait démocratique et créent en conséquence un environnement convenable à son développement et à son action.

Dans l'ensemble, le renouveau de la société civile en Afrique offre de nouvelles perspectives et des opportunités pour promouvoir le progrès social, politique et économique sur le continent. Ce souffle nouveau de la société civile en Afrique et au Sénégal peut être attribué à divers facteurs. Voici quelques-uns des facteurs clés :

1. Une volonté croissante de participation démocratique : Les citoyens ont de plus en plus conscience de leurs droits et de leur capacité à influencer les décisions politiques et sociales. Ils cherchent activement à participer à la gouvernance et à façonner leur avenir.

2. L'accès accru à l'information et aux technologies de communication : L'émergence des médias sociaux et d'internet a permis aux individus d'accéder facilement à l'information et de s'organiser en réseaux pour promouvoir des causes communes.

3. Les luttes pour la justice sociale : Les inégalités socio-économiques, la corruption, l'injustice et les abus de pouvoir ont suscité une prise de conscience au sein de la société civile. Les citoyens s'organisent pour lutter contre ces problèmes et travaillent à la réalisation de la justice sociale.

4. La disponibilité de financements et de ressources internationales : De nombreuses organisations internationales et ONG encouragent et soutiennent le développement de la société civile en Afrique, en offrant des subventions et des formations. Cela a permis de renforcer les capacités des acteurs de la société civile et de favoriser leur essor.

5. La jeunesse engagée : Les jeunes sont de plus en plus impliqués dans les mouvements de la société civile, car ils aspirent à un changement positif et à la création de nouvelles opportunités. Leur énergie, leur créativité et leur utilisation habile des nouvelles technologies contribuent au renouveau de la société civile.

Ces facteurs, combinés, ont alimenté le renouveau de la société civile en Afrique et au Sénégal, offrant aux citoyens une plateforme pour s'exprimer, promouvoir leurs droits et participer activement à la prise de décisions dans leurs pays.

Le devenir de la société civile au Sénégal dépend de divers facteurs et évolue au fil du temps. La société civile au Sénégal est composée d'un large éventail d'organisations non gouvernementales (ONG), d'associations professionnelles, de syndicats, de groupes de femmes, de jeunes et de nombreux autres acteurs engagés dans des activités civiques. Au cours des dernières décennies, la société civile sénégalaise a joué un rôle important dans la promotion de la démocratie et a contribué à l'évolution des politiques publiques, à la mobilisation sociale et à la sensibilisation de la population sur différentes problématiques, jouant ainsi le rôle de sentinelle de la démocratie. Cependant, le devenir de la société civile au Sénégal est confronté à des défis tels que la stabilité du financement des organisations, l'influence politique et économique, ainsi que la participation effective des citoyens. Néanmoins, de nombreuses organisations de la société civile continuent de jouer un rôle actif dans la représentation des intérêts des citoyens et dans la gouvernance du pays.

L'implication de la société civile sénégalaise dans les processus électoraux a un impact significatif sur la participation citoyenne et la transparence des élections. La société civile joue un rôle crucial en encourageant la participation active des citoyens dans le processus électoral et en veillant à ce que les élections se déroulent de manière juste et transparente. Plusieurs pistes sont explicatives de rôle. Tout d'abord, la société civile sénégalaise mène des campagnes de sensibilisation auprès des citoyens, en les incitant à s'inscrire sur les listes électorales et à exercer leur droit de vote. Elle organise des séances d'éducation civique pour informer les électeurs sur leurs droits et responsabilités dans le processus électoral, ce qui contribue à une participation accrue.

L'initiative « Civic-tech », qui mêle l'engagement des citoyens et l'utilisation des TIC pour encourager la participation des citoyens aux élections, participe de cette logique. De plus, la société civile joue un rôle de surveillance lors des élections en déployant des observateurs indépendants dans les bureaux de vote. Ces observateurs veillent à ce que le processus électoral se déroule conformément aux normes établies, en détectant et en signalant les éventuelles irrégularités. Leur présence dissuade les comportements frauduleux, renforçant ainsi la transparence des élections. En travaillant en collaboration avec les autorités électorales, la société civile participe également à l'élaboration de réformes électorales visant à améliorer la transparence et l'intégrité du processus électoral. Ses recommandations contribuent à renforcer les institutions et les mécanismes de contrôle, ce qui favorise une plus grande confiance du public dans les élections.

En résumé, l'implication de la société civile sénégalaise dans les processus électoraux a un impact positif sur la participation citoyenne en encourageant les gens à voter, en sensibilisant sur les enjeux électoraux et en renforçant la transparence électorale grâce à la surveillance indépendante. Cela aide à consolider la démocratie et à renforcer la confiance des citoyens dans le système électoral.

LES AUTORITÉS LOCALES ET TRADITIONNELLES

La question des autorités traditionnelles est essentielle dans le contexte africain actuel dans la mesure où elle condense les enjeux qui sont communément dénoncés comme étant « les problèmes » de l'Afrique : difficulté à énoncer et à appliquer le droit, politisation des identités. Les chefs traditionnels et religieux détiennent tour à tour le pouvoir judiciaire, législatif et exécutif au sein de leur communauté, même si la formulation ne recoupe pas les catégories juridiques classiques. Au Sénégal, malgré la mise en place de l'État moderne de type jacobin importé de la France, le pouvoir traditionnel continue à exister même si « au lendemain des indépendances, les nouvelles élites africaines voyaient dans les rois et les chefs les reliques d'un passé, passé qu'il leur appartenait d'abolir »[102].

Il faut un préalable qui consiste à relever que cette notion d'autorité coutumière n'est pas spécifique à l'Afrique. Le Canada, l'Australie et la France connaissent cette réalité, et ces pays ont pu formaliser un cadre juridique et institutionnel pour ces autorités. En Afrique, certains pays ont aussi réussi cet exercice. Au Sénégal, ce n'est pas encore le cas sur le plan juridique, mais sur le plan social, on voit une importance massive de ces autorités coutumières qui jouent un rôle assez significatif de régulation et d'arbitre, placées au-dessus de la mêlée et à équidistance des intérêts catégoriels. Cette gouvernance coutumière des sociétés traditionnelles

---

[102] Claude-Hélène Perrot, « Les autorités traditionnelles et l'État moderne en Afrique subsaharienne au début du XXIe siècle », https://doi.org/10.4000/cea.179

africaines, qui dessine un véritable système politique parallèle, et même dans certains cas, concurrent à l'État, préfigure véritablement un « référentiel local en matière de leadership ». Ces circuits de gouvernance communautaire sont venus à bout, en Côte d'Ivoire par exemple, d'un conflit armé entre des protagonistes aux prétentions irréconciliables par le jeu des acteurs politiques. L'intervention des institutions sociales a réussi à instaurer un dialogue pour mettre fin à la guerre civile.

La question est de savoir si leur insertion dans un cadre ne va pas brimer leur potentiel d'action. Tout est au fond une question de bonne place du curseur. Il y a, en contrechamps, une demande de reconnaissance publique, incluant une participation et des responsabilités élargies dans l'administration de l'État. Le débat de fond est celui de l'identité culturelle de nos institutions, qui ne reflètent pas suffisamment nos valeurs. C'est désormais un lieu commun de rappeler que si les institutions politiques ne reflètent pas la majeure partie de la socialisation, il va se produire un hiatus dans la cohérence de l'organisation sociale au point d'ériger en priorité la définition d'un nouveau modèle politique et constitutionnel caractérisé par plusieurs marqueurs.

La place des autorités traditionnelles et religieuses dans la démocratie, en particulier en Afrique, est une question complexe. D'une part, ces autorités jouent souvent un rôle crucial dans leurs communautés, offrant un leadership et une guidance morale, et en conservant les coutumes et les traditions. D'autre part, leur rôle peut parfois entrer en conflit avec les principes démocratiques de laïcité, de droits de l'homme et d'égalité.

Ces autorités peuvent jouer un rôle de médiation et de résolution des conflits au sein de leurs communautés et au niveau national. Elles sont souvent le seul et dernier recours lorsque la conflictualité politique débouche sur des impasses. Leur influence et leur respect peuvent être utilisés pour promouvoir la paix et la cohésion sociale.

La question de donner aux autorités traditionnelles et religieuses une place officielle dans les institutions démocratiques se pose. La réponse n'est pas toute faite. Si leur inclusion pouvait renforcer la représentativité et la légitimité des institutions démocratiques, notamment parce qu'elles pourraient agir comme un pont entre les communautés locales et les institutions nationales, en aidant à articuler les préoccupations locales au niveau national, il faut relever néanmoins que l'inclusion des autorités traditionnelles et religieuses pourrait renforcer les hiérarchies existantes et entraver le développement d'une démocratie participative plus large. Cette inclusion pourrait, par la rigidité des cadres juridiques, brider le potentiel et le rôle de ces acteurs.

La politique

Le Sénégal a une très longue tradition politique malgré une historiographie ondulatoire. L'aube de l'indépendance du Sénégal (1960-1967) a été estampillée par le rôle important de l'État dans l'activité économique. Une recherche obsessionnelle de l'unité nationale et du développement a structuré la pensée et les actions des dirigeants. La traduction, parfois heurtée, a été l'instauration d'un parti unique de fait, d'une centrale syndicale unifiée, et le rôle moteur attribué au plan de développement économique et social dans l'entreprise de « construction nationale ». L'année 1968 marque un tournant décisif avec la détérioration de la production agricole, la diminution du pouvoir d'achat des ruraux et des mouvements sociaux de grande ampleur dans les centres urbains. L'État a fait face à cette situation en renforçant les dispositifs de contrôle et de répression des syndicats, comme on l'a vu à travers la dissolution de l'Union nationale des travailleurs du Sénégal (UNTS), de l'Union des étudiants de Dakar (UED) et du Syndicat des enseignants du Sénégal (SES).

En 1974, Léopold Sédar Senghor inaugure un processus « contraint » par la pression des étudiants, des groupes politiques agissant dans la clandestinité et des partenaires extérieurs du Sénégal, qui aboutira au multipartisme intégral sous Abdou Diouf. Le 19 mars 2000, lors du second tour épique de l'élection présidentielle, la coalition des partis politiques regroupés au sein du Front pour l'alternance (FAL) a mis fin au long règne du Parti socialiste. À l'issue d'une longue lutte politique, Abdoulaye Wade a ainsi réalisé sa mission historique : déraciner le baobab socialiste. Si en soi cette alternance est le couronnement de la longue lutte politique d'Abdoulaye Wade et charrie un espoir invincible de changement nourri par une jeunesse avide d'un autre paysage politique, il reste que tout ne se passera pas comme prévu. Momar Coumba Diop relève que « l'alternance n'aura donc pas réalisé la reconstruction avant tout morale de la société qui était tant attendue. La multiplication des accusations de corruption et de mauvaise gestion a détérioré l'image de la classe dirigeante. Les promesses de l'élargissement des libertés et de promotion d'une autre éthique du politique ne se sont pas réalisées. Le harcèlement continu des journalistes et des hommes politiques par le recours excessif à la Division des investigations criminelles (DIC), devenue une police politique, outre qu'il est contre-productif, a contredit et défait les promesses du régime »[103]. Ces promesses non tenues et/ou déçues conjuguées à d'autres facteurs moins visibles, mais tout aussi déterminants, précipitent une seconde alternance qui porte Macky Sall au pouvoir.

Cette trajectoire historique brossée en pochade démontre une vitalité de la vie politique sénégalaise, mature et pacifiée. Le Sénégal n'a jamais connu de coup d'État et s'inscrit dans une longue tradition démocratique qui le place dans une exceptionnalité assez rare dans son aire géographique. Le personnel politique ainsi que d'autres acteurs n'y sont pas étrangers. Précisément, il y a des acteurs politiques et non politiques dont l'action conjuguée concourt à tracer les lignes de cette image. La presse, les religieux, la société civile et la diaspora constituent des moteurs importants dans le jeu politique du Sénégal.

---

[103] Momar Coumba Diop, « Le Sénégal à la croisée des chemins », dans *Politique africaine*, 2006/4, n° 104, pages 103 à 126.

PRESSE ET DÉMOCRATIE

Les médias sont si intimement liés à la démocratie qu'il n'est rigoureusement pas possible d'énoncer l'idée démocratique sans une presse libre. La démocratie repose sur un électorat bien informé, qui se renseigne auprès d'institutions médiatiques solides et indépendantes.

Cette liberté de la presse face aux forces de l'argent et aux idéologies loufoques est mise en doute lorsque la logique des intérêts économiques fonctionne par-dessus les exigences d'indépendance ou de l'exigeante conscience d'être au service du public. Or, le gage d'une démocratie réside dans une indépendance totale de la presse vis-à-vis de toute influence. Décrivant le rôle de la presse dans la démocratisation des États africains, Souleymane Bachir Diagne dit ceci :

> « La démocratisation des États africains a été, pour une part essentielle, l'œuvre des médias. C'est lorsque journaux et radios indépendants ont connu le développement spectaculaire qui a été le leur que la marche vers des sociétés ouvertes, pluralistes, a été enclenchée : les médias ont obligé les pouvoirs à fonctionner sous le regard et la surveillance du public, en même temps qu'ils ont donné à entendre des voix dissidentes, des démarches alternatives »[104].

Le philosophe va jusqu'à faire de la presse l'étalon de mesure de la vitalité démocratique d'un pays : « On peut mesurer la qualité d'une démocratie en

[104] Thierry Perret, « Les médias et la "mesure" de la démocratie », entretien avec Souleymane Bachir Diagne, dans *Africultures* 2007/2, n° 71, pages 30 à 32.

Afrique, aujourd'hui, à la qualité et à l'indépendance de sa presse », dit-il. De manière imagée, si la démocratie était un organisme, la presse en serait la bouche : c'est par cet orifice qu'elle s'exprime et qu'entrent des corps qui peuvent la nourrir ou la rendre malade

Mais qu'entend-on par liberté de la presse ? Cette locution est mise à tellement toutes les sauces qu'elle en finit par être galvaudée, banalisée, parce qu'elle cesse d'être interrogée pour livrer ses titres de créance théorique.

Dire d'une presse qu'elle est libre, c'est en première ligne considérer que ses médias et autres formes de publications, ainsi que ses citoyens, ont le droit de communiquer des informations sans être influencés ou contrôlés par l'État ou d'autres formes de pouvoirs et sans craindre des représailles de la part de ces derniers. Le support de cette liberté est l'article 19 de la Déclaration universelle des droits de l'Homme : « Tout individu a droit à la liberté d'opinion et d'expression, ce qui implique le droit de ne pas être inquiété pour ses opinions et celui de chercher, de recevoir et de répandre, sans considération de frontières, les informations et les idées par quelque moyen d'expression que ce soit ».

Cette codification du droit à la liberté d'expression et d'opinion est un point incontournable du journalisme indépendant en ce qu'elle vise un contexte où les médias diffusent des nouvelles exactes et crédibles, facilitent des discussions et des débats publics éclairés, demandent des comptes aux gens au pouvoir et servent de chien de garde pour protéger l'intérêt public. La finalité d'une telle architecture juridique considère que le peuple qui doit décider de son devenir doit le faire en connaissance de cause de la manière la plus diversifiée possible. Et seule une presse libre ne craignant aucunes représailles peut jouer ce rôle de contre-pouvoir et de garde-fou.

Cette presse est aujourd'hui menacée par des tentatives de corsetage de puissances d'argent qui dirigent le flot de l'information vers le sens de leurs intérêts. Ainsi, dans une quête de ventes maximales et d'audimat, les journaux, les télévisions et les radios cèdent à la facilité en organisant une grille de programmes qui traitent essentiellement de faits divers, de folklore. Les informations dignes n'accèdent à la vie médiatique que si elles sont folklorisées ou sensationnalisées. Le risque d'un égarement éthique et d'un dévoiement des fonctions sociales et pédagogiques est très présent dans la presse sénégalaise. Cela jure avec les devoirs que la loi fait peser sur le journaliste qui doit « collecter et traiter l'information en toute honnêteté et en toute impartialité, dans le respect du droit du public à l'information » parce qu'ayant « le devoir de rechercher la vérité, en raison du droit qu'a le public de la connaître et quelles qu'en puissent être les conséquences pour eux-mêmes ».

Il est d'ailleurs une grande question démocratique sur l'identité des propriétaires de groupes de presse. Doit-on laisser un libre accès à la propriété d'un groupe de presse à toute personne qui a les moyens financiers au risque de voir ce cinquième pouvoir pris en otage ou manipulé ? La question, pour choquante qu'elle soit, n'en est pas moins digne d'être posée dans la mesure où dans certains domaines, notamment en pharmacie, les seules capacités financières ne suffisent pas à exercer cette activité commerciale. Par conséquent, dans une logique de moralisation de la profession journalistique et de préservation de la démocratie, notamment en contexte africain, un regard particulier devrait être porté sur les détenteurs d'organe de presse. Il n'est donc pas oiseux de s'interroger sur l'effet de sa propriété lucrative dans notre vie démocratique parce que « celui qui contrôle les médias contrôle les esprits », selon Jim Morrison.

Autrement dit, un journal est-il une entreprise comme une autre qui ne doit poursuivre que la recherche du profit sans tenir compte de sa fonction sociale ? Assurément non, puisque du fait de la spécificité des « produits » qu'il diffuse, le secteur des médias est particulier. Les médias portent une mission de service public qui éclaire les enjeux de paix sociale. Pour peu que cette mission sorte de son focal, des risques déstabilisants surgissent dès lors que des médias adoptent une posture dangereuse, aux antipodes des principes d'éthique et de déontologie du journalisme, mettant à mal une cohésion sociale à travers la diffusion d'infox, de fictions, de rumeurs et d'informations non vérifiées – *fake news*. En fait, s'il s'opère un asservissement de la plume à des intérêts autres que la déontologie, on sort du cadre pour contribuer à exacerber les tensions et approfondir les divisions. La tentation est grande qu'à des fins partisanes ces tensions fictionnelles soient instrumentalisées ; d'autres ont tendance à rechercher le sensationnel, le buzz comme on dit de nos jours, au détriment d'une information vérifiée et équilibrée. Des rumeurs insistantes finissent par devenir de l'information. Les médias jouent de plus en plus le rôle de chambre d'amplification des peurs collectives. Dorénavant, c'est le passage dans les médias qui fait l'expert et l'événement.

L'argent n'est pas la seule menace qui pèse sur la presse. La liberté de la presse est aussi menacée par les GAFAM et d'autres entreprises de la « Big Tech » qui dominent tellement le marché qu'il est devenu très difficile pour de plus petites entreprises et pour des médias indépendants et autres publications de rivaliser. Ces plateformes agrègent et indexent les contenus et les partagent avec leurs utilisateurs, selon des intérêts économiques bien définis qui ne sont certainement pas le pluralisme, mais plutôt le nombre de vues, le trafic généré, si bien que les entreprises de presse doivent se réinventer un modèle vivable pour continuer d'exister. La volatilité des clients, le développement de contenus gratuits, le besoin de nouveaux déploiements technologiques – coûteux en capitaux – sont autant d'éléments qui impactent leurs bilans et leurs comptes de résultat.

Les réseaux sociaux sont, par la force des choses et des clics, devenus des vecteurs d'information et surtout de désinformation, ce qui d'une certaine manière concurrence le journalisme traditionnel, avec comme marqueur « une éthique dégradée de la parole », selon le mot de Felwine Sarr.[105] En effet, pour l'économiste, ces « nouveaux lieux d'une expression censée être ouverte, libre et démocratique, que sont les réseaux dits sociaux, sont devenus dans leur versant obscur des dépotoirs de la haine ordinaire, des espaces de procès sans appel et des lieux d'exécutions sommaires. Une cohorte de bourreaux en mal d'emploi y organisent la vindicte populaire et la lapidation jouissive ; souvent y règlent leurs comptes avec la société ou avec le vacuum de leur propre existence ». Il faut désenvoûter et bloquer la diffusion d'idéologies extrémistes dans les espaces publics et numériques en produisant des récits alternatifs (« contre-narratifs » anglo-saxons) qui opposent une sorte de « contre- propagande ».

Le fait est que derrière un clavier, sous couvert de l'anonymat, le courage est facile surtout lorsqu'il porte atteinte à l'honneur et à la réputation, avec une possibilité d'impunité parce que le cyberespace est presque hors de portée d'une règlementation globale contraignante. En effet, le développement des technologies de l'information, en favorisant des transformations remettant en cause les catégories par lesquelles on avait l'habitude de définir les cadres juridiques de plusieurs activités, pose aux juristes une équation redoutable sur les modes efficaces de régulation et de contrôle. Selon Pierre Trudel, « les États disposent d'une capacité limitée d'intervention. Internet ignore les frontières et peut souvent rendre futiles les interventions étatiques conçues sans égard aux caractéristiques que présentent les

[105] Felwine Sarr, « Écrire au milieu des cris », https://www.seneplus.com/opinions/les-hurlements-de-la-meute

interactions dans cet espace virtuel »[106]. Le cyberespace induit un dépassement ou un déphasage des critères classiques à la disposition du juriste pour poser un cadre normatif. En effet, c'est par des catégories et qualifications que le droit façonne les réalités et souvent dans des spécialisations dites branches du droit. Or, la réalité virtuelle du cyberespace ne se laisse pas saisir dans des catégories figées. Du coup, la science juridique est assez pauvre en ressources normatives pour la saisir. Selon Pierre Trudel, « l'organisation décentralisée des réseaux électroniques impose d'en penser la régulation selon des paradigmes différents de ceux que commandent les réflexes répandus dans la plupart des communautés juridiques »[107].

L'État, qui est le cadre de référence de toute génération de normes juridiques, est presque une donnée étrangère à cet espace ouvert qui ignore les frontières, si bien que poser une incrimination et la relier à une sanction est proprement impossible. C'est la notion même de souveraineté des États qui est réinterrogée devant cet espace. Pour autant, les États n'organisent pas leur retraite ou leur retrait de cet espace, ce qui provoquerait l'ouverture d'un espace de non-droit. Les États demeurent les référents pour poser, même dans cet espace, une règle dans la mesure où l'État définit « des seuils de risques acceptés ou acceptables en matière d'identification des personnes, de pratiques contractuelles, de circulation d'informations »[108]. Ainsi, les États gardent en quelque sorte la main pour réguler ce secteur en fonction de ces seuils par la détermination de la responsabilité des uns et des autres. Mais on voit bien que les États sont néanmoins démunis et que leur seul recours, pour certains, est de réduire ou de couper le débit d'internet.

---

[106] P. Trudel, « Quel droit et quelle régulation dans le cyberespace ? », in *Sociologie et sociétés*, 32(2), 2000, p. 190-210. https://doi.org/10.7202/001806ar.

[107] *Ibid.*

[108] *Ibidem.*

LA JUSTICE RETROUVÉE

Dans tout ordre juridique, il existe des règles qui dirigent la compétence du juge constitutionnel et la façon dont ces règles sont interprétées ainsi que les types de conflits qui peuvent intervenir entre ce juge et d'autres autorités. Ces règles sont liées dans un rapport consubstantiel aux notions d'État de droit, de liberté, ou à celle de démocratie. Il faut d'entrée relever avec Pierre Brunet que « le juge constitutionnel ne serait pas un juge comme les autres parce que l'interprétation de la Constitution exigerait des méthodes d'interprétation spécifiques, elles-mêmes justifiées par le fait que la Constitution ne serait pas un texte comme un autre. En sorte que le juge constitutionnel se distinguerait doublement des autres juges : par le texte qu'il doit interpréter d'abord, par les raisons qui expliquent son existence »[109].

En Afrique, la Constitution a un relief particulier : autant dans un contexte d'essor du constitutionnalisme post-1990, elle a suscité beaucoup d'espoir dans un contexte de démocratisation et a été « vénérée, sacrée, érigée en quasi-totem juridique des démocraties émergentes »[110], autant des tentatives d'instrumentalisation par le pouvoir en place, une banalisation des révisions en dépit de la rigidité affichée, ou encore des accords politiques à la portée juridique discutable ont fini de lui faire perdre toute sa

---

[109] Pierre Brunet, « Le juge constitutionnel est-il un juge comme les autres ? Réflexions méthodologiques sur la justice constitutionnelle », in O. Jouanjan, C. Grewe, E. Maulin et P. Wachsmann (dir.), « La notion de justice constitutionnelle », 2005, Paris, France, pp.115-135.

[110] https://www.cairn.info/revue-titre-vii-2018-1-page-35.htm

quintessence. Du coup, le sens d'une Constitution en Afrique oscille entre dogme immuable et instrument de manipulation.

Au Sénégal, la Constitution a certes été maintes fois révisée, mais dans ces grandes lignes ces révisions n'ont pas profondément modifié le cadre institutionnel du pays. Le juge constitutionnel, souventes fois chahuté par les politiques qui le sollicitent pour des questions parfois oiseuses, a su rester garant, avec une grande frilosité, des libertés publiques et de l'équilibre des institutions.

Entre 1959 et 2001, le Sénégal a adopté plusieurs Constitutions qui ont, elles-mêmes, fait l'objet de multiples modifications selon la séquence suivante : « La première Constitution de la République du Sénégal, qui est restée en vigueur jusqu'à l'accession à l'indépendance en 1960, a été adoptée le 24 janvier 1959. La deuxième Constitution, quant à elle, fut mise en place par la loi n° 60-045 du 26 août 1960 portant révision de la Constitution de la République du Sénégal ; elle n'aura régi le fonctionnement des institutions et subordonné toutes les autres normes de l'État à sa suprématie que jusqu'en décembre 1962. Après une transition politique de quelques mois, une nouvelle ère constitutionnelle, qui prend fin en janvier 2001 avec l'entrée en vigueur de l'actuelle Constitution, fut inaugurée par la loi n° 63-22 du 7 mars 1963 portant révision de la Constitution de la République »[111].

Le 19 mars 2000, la volonté des nouveaux dirigeants issus de l'alternance de reformuler un nouvel ordre politique et social conduit à l'adoption, par référendum du 7 janvier 2001, d'une nouvelle Constitution qui entrera en vigueur quinze jours plus tard. Le nouveau texte constitutionnel consacre un nouveau régime politique de type parlementaire. En effet, même si le régime politique sénégalais mêle des éléments épars qui en font une sorte

[111] https://constitutionnet.org/sites/default/files/L'histoire%20Constitutionel%20du%20Senegal.pdf

d'hybride entre le régime parlementaire et le régime présidentiel, il reste que les marqueurs caractéristiques du régime parlementaire que sont la double possibilité pour le Parlement de destituer le Gouvernement, et pour le président de la République de dissoudre l'Assemblée, y est prévue, en sorte que le régime est sinon parlementariste, du moins parlementaire de type présidentialiste. Mais en aucune manière il ne saurait être qualifié de présidentiel en ce qu'il n'emporte pas la rigidité de la séparation entre le législatif et l'exécutif.

Une nouvelle révision impulsée par le Président Macky Sall est venue consolider les acquis démocratiques tout en proclamant de nouveaux droits. Dans tous les cas, l'ordre juridique qui résulte de la Constitution est garanti par une justice constitutionnelle, un juge constitutionnel.

Le rôle de ces juridictions constitutionnelles, au-delà du contrôle de constitutionnalité des normes, est la prise en charge des principaux contentieux, à savoir, « le contentieux des élections et des consultations populaires, le contentieux de la division horizontale des pouvoirs, le contentieux de la division verticale des pouvoirs et le contentieux des droits et libertés fondamentaux ». La justice constitutionnelle est rendue par le Conseil constitutionnel, juridiction spécialisée, exclusivement compétente pour apprécier la conformité des lois et des engagements internationaux à la Constitution et pour veiller à la régularité des élections nationales. Le Conseil constitutionnel a aussi un rôle social qui le place au centre des enjeux démocratiques. Dans un premier temps, il est, en exerçant le contrôle de constitutionnalité des lois, dans une sorte de vérification de la conformité de l'expression de la volonté populaire, la loi, avec la Constitution. Ceci pour s'assurer que la fabrication législative de la loi ne transgresse pas les fondements principiels gravés dans le marbre de la Constitution. C'est ce qui fait dire au juriste Dominique Rousseau que « la loi ne pourra prétendre exprimer la volonté générale que si, et seulement si, elle respecte la Constitution. Autrement dit, que si et seulement si le Conseil constitutionnel juge que le texte voté par le Parlement ne porte pas atteinte à tel ou tel droit ou principe constitutionnel ; car s'il en était ainsi, c'est-à-dire, si le texte était jugé contraire à la Constitution, il ne pourrait exprimer la volonté générale et, en conséquence, la qualité de loi ne pourrait lui être reconnue »[112].

Le Conseil constitutionnel doit tout de même et dans un deuxième temps être « vecteur de valeurs à travers son office » en sortant de la technique pure ; ainsi sera-t-il « amené, plus qu'avant à conférer du sens aux textes, à leur injecter une certaine philosophie, à donner à son office une dimension axiologique »[113]. Ses décisions, de ce point de vue, doivent être courageuses pour porter une ambition, celle de maintenir les équilibres sociétaux. De l'aveu du président du Conseil constitutionnel sénégalais prononçant un discours à l'ouverture d'un colloque international sur le thème « Le Conseil constitutionnel sénégalais dans un contexte d'intégration régionale : passé, présent, devenir », l'« avenir réside non seulement dans la légitimité et dans l'autorité de ses décisions ». Le haut magistrat précise sa position en relevant que le Conseil constitutionnel « doit jouer pleinement son rôle dans la consolidation de la démocratie et, tout en préservant son identité institutionnelle, assurer aux populations un accès à la fois matériel et intellectuel à l'information relative à ses compétences, à son processus décisionnel et à son langage parfois jugé technique, voire ésotérique ». Ces propos participent certainement de ce que cette « exigence de redevabilité s'impose en effet, aujourd'hui, à toutes

[112] D. Rousseau, « Constitutionnalisme et démocratie », 2008. https://laviedesidees.fr/Constitutionnalisme-et-democratie

[113] Alioune Sall, Synthèse des travaux du Colloque de Dakar, http://v1.ahjucaf.org/Synthese-des-travaux-du-colloque-de-Dakar.html

les institutions, qu'elles soient publiques ou privées, nationales ou internationales ».

Le juge constitutionnel dispose d'un pouvoir extraordinaire, celui de dire aux élus du peuple qu'ils ont voulu et voté une loi contraire à la loi fondamentale du pays. La bonne logique aurait voulu qu'aucune instance ne fût au-dessus de la volonté souveraine du peuple ; et qu'en cas d'inconstitutionnalité, il fût demandé au Parlement de revoter, fût-ce par une majorité qualifiée, et non de refouler la loi tout bonnement en faisant en sorte qu'une disposition déclarée contraire à la Constitution dans le cadre du contrôle a priori ne puisse être ni promulguée ni mise en application et, dans le cadre du contrôle a posteriori, abrogée. Cependant, une décision de justice n'est jamais un acte autiste ; elle est nécessairement inscrite dans un système normatif, ouverte et rattachée à la réalité qui l'influence et qu'elle influence. Les décisions et les avis du Conseil constitutionnel ont un parti pris, celui de faire évoluer la démocratie, l'État de droit et les libertés publiques. Cette orientation se reflète dans la spécificité de l'interprétation de la Constitution. Une double spécificité qui tiendrait aux acteurs et qui dépend très largement du système de contrôle de constitutionnalité choisi (concentré ou diffus), et que ne posent pas les autres normes. Ainsi, la technique des réserves d'interprétation, par exemple, permet au Conseil de déclarer une disposition conforme à la Constitution, à condition que cette disposition soit interprétée ou appliquée de la façon dont le Conseil l'indique. Classiquement, une distinction est faite entre les réserves d'interprétation neutralisantes, directives, et enfin, constructives. Cette technique des réserves fait échapper le Conseil au caractère quelque peu brutal de l'alternative qui traditionnellement est restrictive et s'offre à lui de déclarer une disposition conforme ou non conforme à la Constitution.

Au-delà de la particularité du juge constitutionnel, son rôle est majeur dans un pays comme le Sénégal où il est souvent un recours que les politiques utilisent parfois à mauvais escient ou de façon intempestive, l'interrogeant souvent sur des questions hors de sa compétence pour arbitrer le jeu politique. S'il est vrai que le juge doit faire œuvre d'imagination et de créativité prétorienne pour dépasser la sécheresse du texte constitutionnel, il n'en demeure pas moins qu'il n'est pas un acteur politique et doit éviter que ses décisions faussent le jeu politique. En même temps, à trop souvent se réfugier derrière une incompétence, il réduit son rôle de garant de la démocratie. Ce tiraillement du juge constitutionnel entre logique juridique, qui résulte de sa nature juridictionnelle, et logique politique, et qui résulte de ses attributions, crée un inconfort et demande du tact. Selon Palouki Massina, « compte tenu de l'histoire constitutionnelle des pays africains, la justice constitutionnelle s'est trouvée au cœur de tous les conflits tant juridiques que politiques. Dans cette dynamique, le juge constitutionnel reste tiraillé entre deux logiques, l'une politique et l'autre juridique, desquelles il lui est difficile de se démarquer »[114], ceci au mépris du principe de séparation des pouvoirs qui prohibe les interférences entre pouvoirs.

Pour autant, la critique faite au Conseil sur le caractère politique de ses décisions est audible si au moins on considère le mode de désignation de ses membres, l'origine des personnes désignées, les décisions jugées au service des gouvernants en contrepartie prétendument à une « obligation de gratitude envers les autorités nommantes ». La critique est certainement excessive, mais s'éclaire par la nature des questions aux confluences entre politique et juridique qui sont posées au Conseil constitutionnel, surtout en

[114] Palouki Massina, « Le juge constitutionnel africain francophone : entre politique et droit », https://www.cairn.info/revue-francaise-de-droit-constitutionnel-2017-3-page-641.htm

contexte africain où la démocratie est encore marquée par des biais entropiques. Il s'y ajoute que la Constitution est la règle du jeu politique, donc son interprétation est forcément une prise de position sur ce jeu. Il y a une sorte de dialectique subtile qui voudrait que « le juridique tienne le politique en état, [en ce que] le fonctionnement du système politique dépend désormais de la manière dont fonctionnent un certain nombre de mécanismes juridiques et que l'on ne peut donc expliquer telle ou telle particularité constatée à tel moment sans faire référence à la combinaison et au jeu des règles juridiques »[115]. Mais aussi que « réciproquement, le politique tient le juridique en l'état, car les mécanismes juridiques ne peuvent produire leur effet régulateur qu'autant que subsistent le jeu politique et l'intérêt qu'il confère aux décisions du Conseil »[116].

Au Sénégal, une évolution du Conseil constitutionnel est souhaitable pour sortir des travers qui lui sont reprochés et surtout éviter qu'il devienne une chambre législative spécialisée amenée à faire une lecture constitutionnelle des lois. La composition, le mode de nomination des membres du Conseil et le mode de saisine gagneraient à évoluer pour en faire une cour. La cour doit s'ouvrir davantage sur son environnement et communiquer avec le peuple au nom de qui elle rend la justice pour expliquer ses choix prétoriens. Il est révolu le temps où la justice constitutionnelle s'emmurait dans la solennité pour dire un droit trop technique pour être compris ou suspecté de partisanerie. C'est seulement à ce prix que cette justice qui a fait irruption dans notre vie démocratique pourra jouer un rôle directeur dans la consolidation de cette longue marche démocratique du Sénégal.

Le Sénégal est une jeune démocratie, une démocratie imparfaite et en construction, mais une démocratie tout de même. Les crises systémiques

---

[115] Louis Favoreu, *La politique saisie par le droit*, Economica, 1988, p. 7.

[116] *Idem.*

qui la traversent à l'approche d'élections, aussi farouches soient-elles, sont d'un certain point de vue bienfaisantes dans la mesure où elles instaurent un débat sur nos principes et modalités de vie en commun. Ces principes et modalités ne sont pas acquis une bonne fois pour toutes. Ils évoluent au gré des rapports sociaux, des évolutions technologiques, des niveaux de richesses et d'intelligence du peuple et surtout de ses attentes, qui se renouvellent au fil des générations. Ces crises sont autant de remises en cause de nos consensus pour les dépasser ou pour les confirmer, mais cet exercice est nécessaire parce qu'il s'agit d'une interrogation collective sur nous-mêmes. C'est la société en tant qu'elle se questionne dans une tension réflexive pour s'observer, identifier ses failles, ses forces et se doter d'un sens. Il y a cependant à trouver des mécanismes autopoeïtiques de régulation de nos oppositions pour ne pas tomber dans l'excès, l'animosité, la guerre. La société est un système de communication, mais la communication doit, pour exister, se référer continuellement à elle-même. Ce n'est, en effet, qu'en relation à une communication qu'une communication peut naître. Dès lors, la « communication n'est possible que comme processus auto-référentiel »[117].

L'indépendance des juges peut être définie comme « la possibilité de prendre "leurs" décisions, en toute liberté et à l'abri de toute instruction ou pression »[118]. Si elle est traditionnellement entendue comme une manifestation de la séparation des pouvoirs garantissant l'absence de subordination par rapport au pouvoir législatif, exécutif et même par rapport aux autres juges de l'autorité judiciaire, elle impose également une indépendance par rapport aux pouvoirs de fait que peuvent représenter les médias ou encore les experts.

---

[117] https://www.persee.fr/doc/reso_0751-7971_1991_num_9_50_1901

[118] V° Indépendance, Gérard Cornu, *Vocabulaire juridique*, 10e éd.

L'indépendance du pouvoir judiciaire est fondamentale pour garantir une justice équitable et impartiale. Actuellement, des craintes subsistent quant à l'influence politique ou extérieure exercée sur les juges et les décisions judiciaires, ce qui nuit à la crédibilité du système judiciaire sénégalais.

En renforçant l'indépendance de la justice, le système judiciaire gagnera en crédibilité et en confiance auprès du public. Pour cela, il est nécessaire de mettre en place des mécanismes spécifiques :

- Garantie de la stabilité et de la sécurité des juges : Assurer une indépendance fonctionnelle en protégeant les juges de toute ingérence politique. Cela peut se faire en garantissant leur stabilité dans leur fonction et en les protégeant contre les sanctions arbitraires ou les pressions extérieures.

- Nomination et promotion transparentes : Établir des critères clairs et transparents pour la nomination et la promotion des juges. Cela implique de renforcer les instances de sélection indépendantes, d'éviter toute nomination basée sur des considérations politiques et de promouvoir la méritocratie.

- Autonomie financière et administrative : Accorder aux tribunaux une autonomie financière et administrative pour réduire la dépendance vis-à-vis des autres pouvoirs de l'État. Une gestion financière autonome permettra de garantir l'indépendance des décisions judiciaires sans ingérence externe.

- Formation continue et éthique professionnelle : Mettre l'accent sur la formation continue des juges pour renforcer leurs compétences juridiques et leur sens de l'éthique professionnelle. Une formation éthique solide renforcera leur engagement envers l'équité et l'impartialité.

- Système de responsabilité et de surveillance indépendant : Établir un système de responsabilité pour les juges et les magistrats qui assure une supervision indépendante de leurs actions. Cela garantira que les erreurs ou les cas de comportement inapproprié seront correctement examinés et corrigés.

En renforçant l'indépendance de la justice à travers ces mesures, le système judiciaire sénégalais s'affirmera en tant qu'institution impartiale et équitable. La confiance du public sera rétablie, et la société pourra bénéficier pleinement d'un système judiciaire indépendant et efficace qui sert véritablement les intérêts de la justice et de la primauté du droit.

Dans la quête d'une amélioration du système judiciaire sénégalais, il est primordial de considérer l'indépendance de la justice comme un axe fondamental à renforcer. Des constats ont révélé que des influences politiques et extérieures peuvent affecter les juges et les décisions judiciaires, compromettant ainsi l'équité et l'impartialité de la justice. Afin de démontrer comment consolider cette indépendance, plusieurs mesures concrètes peuvent être mises en œuvre.

Premièrement, en établissant des critères objectifs et transparents pour la nomination des juges, fondés sur leur expérience professionnelle, leurs compétences juridiques et leur intégrité, le système judiciaire sénégalais garantira une sélection basée sur le mérite plutôt que sur des considérations politiques. Ces critères devraient être rendus publics pour assurer la transparence du processus. Le Canada, par exemple, a mis en place un Comité consultatif indépendant pour la nomination des juges à la Cour suprême. Ce comité évalue les candidats en fonction de leur expérience juridique, de leurs compétences et de leur intégrité, puis recommande une liste restreinte de candidats au Premier ministre. Cette approche objective a renforcé l'indépendance du pouvoir judiciaire au Canada et évité toute ingérence politique directe dans le processus de nomination.

Deuxièmement, pour éviter toute pression financière ou ingérence dans les affaires judiciaires, il est nécessaire d'accorder aux tribunaux un budget propre et indépendant, géré par une instance distincte du pouvoir exécutif. De plus, en donnant aux tribunaux le pouvoir de gérer leur propre administration, y compris la gestion des ressources humaines et des infrastructures judiciaires, l'autonomie administrative sera renforcée, favorisant ainsi leur fonctionnement indépendant. C'est ainsi qu'en Allemagne, les tribunaux bénéficient d'une autonomie financière et administrative. Chaque tribunal gère son propre budget, sans dépendre directement du gouvernement. Cela garantit que les tribunaux sont capables de fonctionner de manière indépendante, sans être soumis à des pressions financières pouvant affecter leurs décisions judiciaires.

Troisièmement, en mettant en place des programmes de formation continue pour les juges, axés sur le développement de leur expertise juridique et leur sens de l'éthique professionnelle, le système judiciaire pourra garantir des jugements éclairés et conformes aux normes déontologiques. Un code de conduite clair devrait également être établi pour les juges, définissant les normes d'éthique et de comportement attendues de leur part.

Par ailleurs, pour renforcer la responsabilité des juges, des commissions indépendantes devraient être créées pour superviser leur comportement et examiner les plaintes éventuelles. Rendre publiques les décisions disciplinaires concernant les juges assurera la transparence du processus de responsabilité et renforcera la confiance du public dans la reddition de comptes. L'exemple américain est parlant dans ce sens. En effet, aux États-Unis, les commissions judiciaires, indépendantes des pouvoirs exécutif et législatif, sont responsables de l'examen des plaintes déposées contre les juges. Ces commissions sont composées de membres indépendants, y compris des représentants de la société civile, ce qui assure une surveillance équitable et impartiale du comportement des juges.

Enfin, pour consolider l'indépendance de la justice dans la législation, des réformes constitutionnelles devraient être envisagées pour renforcer la séparation des pouvoirs et garantir l'indépendance du pouvoir judiciaire vis-à-vis des autres branches du gouvernement. Une loi organique spécifique sur la justice devrait être adoptée, énonçant clairement les principes d'indépendance du pouvoir judiciaire, les modalités de nomination et de promotion des juges, ainsi que les mécanismes de responsabilité et de surveillance.

Tous ces axes d'amélioration pour une meilleure distribution de la justice appellent une refonte du Conseil supérieur de la magistrature (CSM).

En première ligne, il est primordial d'assurer une composition équilibrée et indépendante du CSM ; en incluant des membres issus de la société civile, des avocats et des universitaires, le CSM sera mieux à même d'exercer une surveillance impartiale des activités du pouvoir judiciaire, préservant ainsi son intégrité face aux influences politiques.

À cette composition presque échevinale s'ajouterait une procédure transparente et objective de nomination et de promotion des juges. En définissant des critères clairs basés sur le mérite et les compétences juridiques, le processus de sélection sera préservé de toute ingérence politique, assurant ainsi que seuls les juges les plus qualifiés accèdent à leurs fonctions. L'idée est de permettre au CSM de jouer un rôle actif dans la supervision des juges. En arrangeant des mécanismes de suivi et d'évaluation de leurs décisions, le CSM pourra garantir la qualité des jugements rendus et s'assurer du respect strict des normes éthiques et déontologiques par les magistrats.

Au surplus, pour renforcer la reddition de comptes, le CSM devrait mettre en place des mécanismes de responsabilité indépendants. Des enquêtes impartiales doivent être menées en cas de comportement répréhensible et des sanctions appropriées appliquées si nécessaire, sans aucune influence externe.

Enfin, afin de garantir une autonomie réelle, le CSM doit bénéficier d'une gestion financière indépendante du pouvoir exécutif. Cette autonomie financière renforcée permettra au CSM d'exercer ses fonctions sans être soumis à des pressions financières qui pourraient compromettre son indépendance.

Ces indications sont les éléments de la charpente d'un État de droit parce que quand la justice déraille, un climat de méfiance et d'insatisfaction va indubitablement surgir, poussant certains à rejeter violemment le système. Cette une perte de confiance généralisée dans les institutions judiciaires, et par extension, dans l'ensemble de l'appareil d'État. Cela peut être le résultat d'un sentiment d'injustice, de ressentiment envers les forces de l'ordre. Il est essentiel de comprendre ces dynamiques pour trouver des solutions durables et restaurer la confiance dans le système judiciaire et les institutions de l'État en favorisant la contestation parfois « violente » en tant que moyen de s'exprimer et de revendiquer un changement radical. La jeunesse sera la plus réactive en ce que les jeunes, percevant le dysfonctionnement de la justice, avec des décisions partiales, des retards excessifs dans les procédures ou des cas de corruption, peuvent se sentir frustrés et impuissants face à un système qui ne les protège pas équitablement. Ce sentiment d'injustice peut susciter un fort ressentiment et générer un désir de s'opposer violemment au système..

L'HOMME POLITIQUE DU SÉNÉGAL QUI VIENT

Pierre Rosanvallon est un historien et politologue français qui s'est intéressé à la question démocratique et à l'histoire politique de la France contemporaine. Dans son ouvrage intitulé *La démocratie inachevée*, il aborde la question de l'homme politique en démocratie.

Pour Rosanvallon, l'homme politique est avant tout un représentant, qui doit être élu pour représenter le peuple et défendre ses intérêts. Il est également responsable de la mise en place de politiques publiques justes et efficaces, en étant au service de l'intérêt général. Cependant, selon lui, la représentation politique peut être pervertie par des enjeux économiques, des intérêts particuliers ou encore des jeux de pouvoir. Pour éviter ces dérives, il préconise une réforme de l'État et de la démocratie en impliquant davantage les citoyens dans le processus politique et en rendant les élus plus responsables de leurs actions.

Pour Rosanvallon, l'homme politique doit être un représentant engagé, au service de l'intérêt général et responsable devant les citoyens. Ce portrait-robot d'un homme politique moderne serait complété, pour épouser les aspirations d'une démocratie comme la nôtre, par les caractéristiques suivantes :

1. Vision claire : Un leader politique moderne devrait avoir une vision claire de l'avenir et des défis auxquels la société est confrontée.

2. Communication efficace : Une communication efficace est cruciale pour un leader, car elle aide à transmettre des idées et des plans aux citoyens.

3. Responsabilité : Les leaders doivent être responsables et prêts à rendre compte de leurs actions.

4. Compétences en leadership : Les compétences en leadership sont nécessaires pour diriger efficacement un gouvernement ou une organisation.

5. Capacité d'écoute : Les hommes politiques modernes doivent être capables d'écouter les citoyens, de répondre à leurs besoins et préoccupations.

6. Intelligence émotionnelle : Les leaders doivent être conscients de leurs propres émotions et de celles des autres, et être capables de gérer les conflits.

7. Intégrité : Les leaders doivent être honnêtes, intègres et éthiques dans leur prise de décision et dans leur gestion des affaires publiques.

8. Connaissance des affaires étrangères : Les leaders modernes doivent comprendre les affaires étrangères et être capables de mener des négociations diplomatiques.

9. Formation continue : Les leaders doivent être en constante évolution et suivre une formation continue pour rester informés des changements politiques et sociaux.

En somme, un profil complet de leader politique moderne doit comprendre l'ensemble de ces différentes qualités qui sont toutes essentielles pour diriger efficacement un pays et répondre aux besoins et aspirations de ses citoyens. Autrement dit, ce qui fait un bon dirigeant est autant une question de qualifications, de réseau, de tempérament, qu'une question d'être la bonne personne à la bonne place au bon moment. Tout se passe comme s'il était « défié par une dépolitisation croissante, par une régression de la confiance politique, par un affaissement du militantisme et par une revanche brouillonne et bruyante de l'expert. Ce type de défi peut conduire à des formes déjà répertoriées : montée du populisme ou affirmation de mouvements sociaux qui se veulent extérieurs au politique »[119].

Le choix du citoyen sur son dirigeant est de ce point de vue crucial en ce qu'il doit sortir d'une logique partisane, clanique ou familiale pour viser un idéal, ce qui conduira nos sociétés vers une démocratie post-partidaire. La démocratie post-partidaire est un modèle de démocratie qui cherche à dépasser les clivages partisans traditionnels dans la mesure où l'évolution de la société, notamment avec la montée du populisme, a rendu obsolètes les clivages loufoques et dogmatiques et que de nouvelles formes d'engagement politique doivent se développer.

Dans ce contexte, la démocratie post-partidaire cherche à encourager une plus grande participation citoyenne, en favorisant notamment l'émergence de mouvements sociaux et en soutenant la mise en place de nouvelles formes de concertation entre les citoyens et les élus. Le citoyen africain contemporain est devenu conscient du caractère politique de sa vie, ou du moins, il se rend compte à quel point la politique imprègne toute son existence et qu'il ne peut plus être un inactif spectateur qui se laisse dicter des choix et des orientations. Il exige une participation aux décisions qui l'implique et que le décisionnaire revête certaines qualités.

La démocratie se caractérise également par une plus grande autonomie des individus, qui sont encouragés à s'engager dans des projets qui leur tiennent à cœur et à participer à la vie politique locale.

Elle permet aux individus de prendre une part active à la vie politique et en favorisant la création de nouveaux liens de solidarité entre les différentes

[119] https://www.lemonde.fr/idees/article/2011/11/23/l-histoire-moderne-de-l-homme-politique-est-finie_1608187_3232.html

composantes de la société. Elle prend appui sur la fragilisation de la politique institutionnalisée que traduit la désaffection électorale cumulée à l'émergence d'une activité « contre-démocratique ». Elle se traduit par une expansion du contrôle, de la surveillance, de la pression exercée par des citoyens finalement plus actifs qu'on ne le pensait. Pierre Rosanvallon définit ce phénomène nouveau dans les sociétés démocratiques comme « l'ensemble des pratiques de surveillance, d'empêchement et de jugement au travers desquelles la société exerce des pouvoirs de correction et de pression ». Elle illustre l'érosion du rapport de confiance entre gouvernants et gouvernés, symptomatique d'une crise politique profonde.

À ce stade s'immisce une question non tranchée à ce jour sur le point de savoir si les technocrates devraient supplanter les politiques dans la gestion de la chose publique. En tant qu'acteur politique et donc observateur de cette scène, je dois indiquer qu'il est essentiel de prendre en compte les divers aspects qui entourent la question de savoir s'il est préférable d'avoir des politiques ou des technocrates dans un gouvernement. Pour cela, examinons les rôles et les compétences de chaque groupe et leur impact sur la prise de décisions politiques.

Les personnalités politiques, en général, sont élues par le peuple et représentent les intérêts de la population. Leur légitimité provient du mandat démocratique qui leur est donné par les citoyens. Leur principal avantage réside dans leur proximité avec la population, leur compréhension des préoccupations et des besoins des électeurs, ainsi que leur capacité à traduire ces besoins en politiques publiques. Leur vision à long terme peut être influencée par les cycles électoraux, mais cela peut aussi les encourager à prendre des décisions qui répondent aux besoins de leurs électeurs pour se faire réélire.

Cependant, les politiques peuvent également être confrontés à des inconvénients. Ils peuvent être enclins à adopter des politiques populaires à court terme pour gagner des votes, même si elles ne sont pas toujours dans l'intérêt à long terme du pays. Leur expertise technique peut être limitée, ce qui les amène parfois à prendre des décisions basées sur des considérations émotionnelles plutôt que sur des faits et des données. De plus, ils peuvent être soumis à des pressions et des influences extérieures, telles que des groupes de pression ou des intérêts particuliers, qui peuvent affecter leur indépendance et leur capacité à prendre des décisions impartiales.

D'un autre côté, les technocrates sont des experts dans leur domaine, généralement non élus, mais nommés en raison de leurs compétences techniques et de leurs connaissances spécialisées. Leur principal avantage réside dans leur objectivité et leur capacité à prendre des décisions éclairées et basées sur des données, en mettant de côté les considérations politiques à court terme. Leur expertise technique leur permet de proposer des solutions efficaces aux problèmes complexes auxquels le gouvernement est confronté.

Cependant, les technocrates peuvent également présenter des inconvénients. En étant éloignés des réalités politiques et des besoins de la population, ils pourraient prendre des décisions techniquement solides, mais politiquement impopulaires ou même parfois trop éthérées et théoriques, qui ignorent des biais factuels qui ne se révèlent que dans la pratique. Leur manque de légitimité démocratique peut susciter des critiques quant à leur capacité à gouverner de manière démocratique et à prendre en compte les intérêts des citoyens.

L'entrée des technocrates dans la scène politique peut donner naissance à un pouvoir expertal, également connu sous le nom de technocratie. Le pouvoir expertal se réfère à une forme de gouvernance au sein de laquelle les décisions politiques sont principalement prises par des experts techniques plutôt que par des représentants élus. Cela peut se produire lorsque les technocrates, en raison de leur expertise et de leurs connaissances spécialisées, prennent une place prépondérante dans le processus de prise de décisions politiques, au détriment de la participation démocratique.

L'émergence d'un pouvoir expertal peut soulever des questions importantes concernant la légitimité démocratique du gouvernement. En effet, si les technocrates prennent des décisions sans être soumis à un contrôle démocratique direct, cela peut susciter des inquiétudes quant à leur responsabilité envers les citoyens et la possibilité de représailles démocratiques en cas de décisions impopulaires.

Il s'y ajoute que la nature technocratique du pouvoir peut entraîner une déconnexion entre les décisions politiques et les réalités sociales et politiques du pays. Les technocrates, bien qu'experts dans leur domaine, pourraient ne pas toujours comprendre pleinement les nuances politiques, culturelles et sociales qui façonnent la vie des citoyens. Cela pourrait les amener à privilégier des solutions techniquement efficaces, mais politiquement inapplicables ou impopulaires.

Un autre problème potentiel est que le pouvoir expertal peut renforcer les inégalités et les disparités socio-économiques. Si les décisions politiques sont principalement prises par une élite technocratique, il y a un risque que les intérêts des groupes marginalisés ou défavorisés soient ignorés, car ils pourraient ne pas avoir suffisamment de voix pour influencer les technocrates.

Dans l'idéal, une combinaison équilibrée de politiques et de technocrates serait préférable. Les politiques apportent la légitimité démocratique, la représentation du peuple et la prise en compte des aspirations populaires. Les technocrates, quant à eux, apportent l'expertise technique et l'objectivité nécessaires pour élaborer et mettre en œuvre des politiques efficaces.

Un gouvernement fonctionnel devrait encourager une collaboration entre politiques et technocrates. Les politiques devraient s'appuyer sur l'expertise des technocrates pour prendre des décisions éclairées et fondées sur des preuves, tandis que les technocrates devraient écouter les préoccupations et les besoins des politiques pour s'assurer que leurs recommandations sont en phase avec les aspirations démocratiques de la population.

La combinaison de la légitimité démocratique et de l'expertise technique peut mener à des décisions politiques équilibrées et efficaces, répondant aux besoins de la population tout en tenant compte des réalités complexes du monde contemporain.

Conclusion

Vers l'aurore d'une renaissance sénégalaise

Le Sénégal, fort de sa mosaïque culturelle et de son héritage historique, s'éveille à une ère nouvelle, porté par la promesse d'un renouveau sans précédent. Ce périple intellectuel, à travers ses diverses facettes, a révélé une nation qui, bien que tiraillée entre le respect de ses traditions et l'élan de la modernité, ne cesse de se redéfinir avec une élégance remarquable.

Il serait toutefois présomptueux de prétendre avoir capté l'essence exhaustive du « Sénégal qui vient ». Chaque jour, ce pays, à l'image de l'Afrique elle-même, sculpte son destin avec une audace et une créativité sans bornes, se défiant constamment des clichés et des paradigmes préétablis. Sa jeunesse intrépide, sa diaspora influente, ses penseurs éclairés et ses artistes visionnaires sont autant de phares qui illuminent son chemin vers un futur radieux.

Cette conclusion n'est, en réalité, qu'un commencement. Le véritable défi pour le Sénégal ne réside pas uniquement dans sa capacité à naviguer dans les eaux tumultueuses de la mondialisation, mais également dans sa quête incessante d'une identité renouvelée, d'une symbiose entre ce qu'il était, ce qu'il est et ce qu'il aspire à devenir.

Puissent les générations futures du Sénégal, et de l'Afrique dans son ensemble, puiser dans ce livre une inspiration, une reconnaissance des défis surmontés et une vision claire des horizons à conquérir. Car, à l'instar du

Baobab, arbre emblématique de ses terres, le Sénégal se dresse majestueusement, les racines profondément ancrées dans son passé, mais les branches tendues vers les cieux de demain. Les échos d'espoir retentissent partout.

Le grand écrivain Victor Hugo disait : « Même la nuit la plus sombre prendra fin et le soleil se lèvera ». Dans le contexte du Sénégal, ce lever de soleil symbolise une renaissance culturelle, sociale et économique. Chaque jour qui passe est un témoignage de la résilience et de la détermination d'un peuple à forger son propre destin.

Bien entendu, dans l'expanseur incommensurable que représentent la complexité et la profondeur du Sénégal, ce livre n'a pas prétendu, et ne saurait prétendre, embrasser la totalité des sujets qui mériteraient une attention soutenue. L'effervescence d'une nation ne se laisse pas aisément enfermer dans les pages d'une seule œuvre, si exhaustive soit-elle. De nombreux domaines demeurent à explorer, de multiples voix à entendre, d'innombrables histoires à raconter.

Les enjeux environnementaux, par exemple, et la relation entre le Sénégal et ses ressources naturelles, ou bien la dimension spirituelle et religieuse qui façonne si profondément l'âme sénégalaise, n'ont été qu'effleurés. L'impact de la femme sénégalaise, pilier incontesté de la société, et son rôle dans l'évolution contemporaine du pays mériteraient une attention plus détaillée. Et que dire des langues locales, gardiennes de la sagesse ancestrale, dont la préservation et la promotion sont cruciales à une ère où la mondialisation menace de niveler les diversités culturelles ?

Mais loin de cette liste non exhaustive se trouve un message d'espoir palpable. Le Sénégal est à l'aube d'une renaissance qui promet d'être aussi riche que diversifiée. Les pistes non explorées dans ce volume sont autant d'opportunités pour de futurs chercheurs, auteurs et passionnés, de se pencher sur ces thèmes et de contribuer ainsi à la richesse du discours sur le Sénégal.

L'espoir réside aussi dans cette jeunesse dynamique et résolue, armée d'une volonté inébranlable de transformer le pays. Avec l'essor des technologies et l'accès accru à l'éducation, le potentiel pour innover, créer et influencer est immense. Nelson Mandela, un luminaire du continent africain, nous a rappelé : « Tout semble toujours impossible jusqu'à ce qu'on le fasse ». De nombreux défis attendent le Sénégal, mais sa jeunesse énergique, ses traditions robustes et sa volonté de progrès sont des signaux clairs que l'impossible deviendra possible.

En fin de compte, cette ouverture vers l'inconnu, vers les terrains encore inexplorés, est une invitation. Une invitation à poursuivre le dialogue, à continuer les recherches, à approfondir notre compréhension. Car le véritable « Sénégal qui vient » se construit chaque jour, brique par brique, rêve par rêve, et c'est à chacun d'entre nous d'y contribuer.

Pour conclure, empruntons les mots de l'illustre Rumi : « Ne sois pas satisfait des histoires que tout le monde raconte. Déploie tes propres ailes et écris la tienne ». C'est l'appel à l'action pour tous les Sénégalais : écrire leur propre histoire, poursuivre leurs rêves et bâtir le « Sénégal qui vient ».

Table des matières

Structures éditoriales du groupe L'Harmattan

L'Harmattan Italie
Via degli Artisti, 15
10124 Torino
harmattan.italia@gmail.com

L'Harmattan Hongrie
Kossuth l. u. 14-16.
1053 Budapest
harmattan@harmattan.hu

L'Harmattan Sénégal
10 VDN en face Mermoz
BP 45034 Dakar-Fann
senharmattan@gmail.com

L'Harmattan Cameroun
TSINGA/FECAFOOT
BP 11486 Yaoundé
inkoukam@gmail.com

L'Harmattan Burkina Faso
Achille Somé – tengnule@hotmail.fr

L'Harmattan Guinée
Almamya, rue KA 028 OKB Agency
BP 3470 Conakry
harmattanguinee@yahoo.fr

L'Harmattan RDC
185, avenue Nyangwe
Commune de Lingwala – Kinshasa
matangilamusadila@yahoo.fr

L'Harmattan Congo
67, boulevard Denis-Sassou-N'Guesso
BP 2874 Brazzaville
harmattan.congo@yahoo.fr

L'Harmattan Mali
ACI 2000 - Immeuble Mgr Jean Marie Cisse
Bureau 10
BP 145 Bamako-Mali
mali@harmattan.fr

L'Harmattan Togo
Djidjole – Lomé
Maison Amela
face EPP BATOME
ddamela@aol.com

L'Harmattan Côte d'Ivoire
Résidence Karl – Cité des Arts
Abidjan-Cocody
03 BP 1588 Abidjan
espace_harmattan.ci@hotmail.fr

Nos librairies en France

Librairie internationale
16, rue des Écoles
75005 Paris
librairie.internationale@harmattan.fr
01 40 46 79 11
www.librairieharmattan.com

Librairie des savoirs
21, rue des Écoles
75005 Paris
librairie.sh@harmattan.fr
01 46 34 13 71
www.librairieharmattansh.com

Librairie Le Lucernaire
53, rue Notre-Dame-des-Champs
75006 Paris
librairie@lucernaire.fr
01 42 22 67 13

www.ingramcontent.com/pod-product-compliance
Lightning Source LLC
LaVergne TN
LVHW050646051026
849532LV00002B/538